D1691131

Yilmaz Özdemir

Fußball-Fernsehrechte in der Bundesliga
Eine ökonomische Analyse
am Beispiel der deutschen Fußball-Liga

Bachelor + Master
Publishing

Özdemir, Yilmaz: Fußball-Fernsehrechte in der Bundesliga: Eine ökonomische Analyse am Beispiel der deutschen Fußball-Liga, Hamburg, Diplomica Verlag GmbH 2011
Originaltitel der Abschlussarbeit: Zentral- vs. Einzelvermarktung von Fernsehübertragungsrechten in Profiligen. Eine ökonomische Analyse am Beispiel der deutschen Fußball-Liga

ISBN: 978-3-86341-075-9
Druck: Bachelor + Master Publishing, ein Imprint der Diplomica® Verlag GmbH, Hamburg, 2011
Zugl. Universität Paderborn, Paderborn, Deutschland, Bachelorarbeit, 2010

Bibliografische Information der Deutschen Nationalbibliothek:
Die Deutsche Nationalbibliothek verzeichnet diese Publikation in der Deutschen Nationalbibliografie;
detaillierte bibliografische Daten sind im Internet über http://dnb.d-nb.de abrufbar.

Die digitale Ausgabe (eBook-Ausgabe) dieses Titels trägt die ISBN 978-3-86341-575-4 und kann über den Handel oder den Verlag bezogen werden.

Dieses Werk ist urheberrechtlich geschützt. Die dadurch begründeten Rechte, insbesondere die der Übersetzung, des Nachdrucks, des Vortrags, der Entnahme von Abbildungen und Tabellen, der Funksendung, der Mikroverfilmung oder der Vervielfältigung auf anderen Wegen und der Speicherung in Datenverarbeitungsanlagen, bleiben, auch bei nur auszugsweiser Verwertung, vorbehalten. Eine Vervielfältigung dieses Werkes oder von Teilen dieses Werkes ist auch im Einzelfall nur in den Grenzen der gesetzlichen Bestimmungen des Urheberrechtsgesetzes der Bundesrepublik Deutschland in der jeweils geltenden Fassung zulässig. Sie ist grundsätzlich vergütungspflichtig. Zuwiderhandlungen unterliegen den Strafbestimmungen des Urheberrechtes.

Die Wiedergabe von Gebrauchsnamen, Handelsnamen, Warenbezeichnungen usw. in diesem Werk berechtigt auch ohne besondere Kennzeichnung nicht zu der Annahme, dass solche Namen im Sinne der Warenzeichen- und Markenschutz-Gesetzgebung als frei zu betrachten wären und daher von jedermann benutzt werden dürften.

Die Informationen in diesem Werk wurden mit Sorgfalt erarbeitet. Dennoch können Fehler nicht vollständig ausgeschlossen werden, und die Diplomarbeiten Agentur, die Autoren oder Übersetzer übernehmen keine juristische Verantwortung oder irgendeine Haftung für evtl. verbliebene fehlerhafte Angaben und deren Folgen.

© Bachelor + Master Publishing, ein Imprint der Diplomica® Verlag GmbH
http://www.diplom.de, Hamburg 2011
Printed in Germany

Executive Summary

In der freien Wirtschaft ist es üblich, dass die Anbieter von Waren und Dienstleistungen diese eigenständig vermarkten und dabei mit anderen Anbietern gleicher oder ähnlicher Produkte konkurrieren. Aus ökonomischer Perspektive scheint dieses Konzept in der Regel die beste Methode zu sein, um wirtschaftliche Effizienz zu erreichen. Im Gegensatz dazu werden die TV-Rechte seit der Gründung der Fußball-Bundesliga vom Deutschen Fußball-Bund (DFB) bzw. jetzt von der Deutschen Fußball-Liga (DFL) zentral vermarktet. Der zuständige Verband bezieht im deutschen Profi-Fußball somit eine Monopolstellung, die mit einer Reihe von ökonomischen Folgen und Problemen verbunden ist (KRUSE/QUITZAU 2002: 1). Zur Rechtfertigung wird an erster Stelle das Argument angeführt, dass nur eine Zentralvermarktung der Fernsehrechte an den Spielen der Fußball-Bundesliga eine gleichmäßige Umverteilung der TV-Einnahmen für die Vereine sicherstellt. Die relativ egalitäre Aufteilung dieser Erlöse soll unter den Bundesligisten die sportliche Chancengleichheit und damit den Spannungsgrad der Liga erhöhen.[1] Im Rahmen dieser Bachelorarbeit wird gezeigt, dass eine gleichmäßige Einnahmenumverteilung kein Vermarktungsmonopol der DFL erfordert, da die Fernsehgelder unter einer dezentralen Vermarktung (individueller Verkauf der TV-Rechte durch die Vereine) mindestens genauso gut umverteilt werden können, wie es derzeit bei der Zentralvermarktung der Fall ist. Ferner würde eine Ungleichverteilung infolge einer dezentralen Vermarktung der Fernseh-Einnahmen nicht zwangläufig dazu führen, dass auch die sportliche Attraktivität der Bundesliga vermindert wird. Neben dem Qualitätspotential des einzelnen Spielers, ist die Tagesform, die aktuelle Motivation, das Glück sowie das mannschaftliche Zusammenwirken als Team für den sportlichen Erfolg entscheidend (Vgl. KRUSE/QUITZAU 2002: 11f.). Letztendlich kann bei der praktizierten Zentralvermarktung der Bundesliga-TV-Rechte auch das Argument eines Transaktionskostenvorteils nicht gerechtfertigt werden, da die Bedeutung der Transaktionskosten in Relation zum Transaktionsvolumen vernachlässigbar gering ist (Vgl. GRUNDMANN/HARDE-NACKE/RÜßMANN 2004: 343). Des Weiteren wird in dieser Ausarbeitung aufgezeigt, dass die ausgeübte Vermarktungsform mit diversen rechtlichen Problemen behaftet ist. Eine Zentralvermarktung der Fernsehrechte ist somit ökonomisch als auch juristisch nicht zu rechtfertigen.

---

[1] Vgl. QUITZAU 2008b: Zentralvermarktung – Pro und Contra (www.sport-oekonomie.de).

Inhaltsverzeichnis

Abkürzungsverzeichnis 9

Abbildungsverzeichnis 10

Tabellenverzeichnis 11

1 Einleitung 13

2 Der Markt für Fernsehübertragungsrechte an den Spielen der Fußball-Bundesliga 15

2.1 Die historische Entwicklung der Zentralvermarktung 16

2.2 Die Wertschöpfungskette der Bundesliga-Fernsehvermarktung ... 19

3 Rechtsprechung und Stand der juristischen Diskussion 21

3.1 Bis dato getroffene Entscheidungen 21

3.2 Der rechtliche Status quo der Zentralvermarktung 23

4 Wirtschaftliches Ausgleichsmodell 25

4.1 Zentralvermarktung und wirtschaftlicher Ausgleich 26

4.2 Ein potentielles Finanzausgleichsmodell unter einer dezentralen Vermarktung 29

5 Die Relevanz von Transaktionskosten in den Modellen der Zentral- und Einzelvermarktung 35

5. 1 Transaktionskosten im Phasenmodell 35

5.1.1.1 Exkurs: Geheimverträge und verdeckte Transaktionskosten 37

5.2 Gegenüberstellung der alternativen Vermarktungsformen unter einer transaktionsökonomischen Perspektive 40

6 Die ökonomischen und sportlichen Konsequenzen 43

6.1 Einnahmen 43

6.2 Die sportliche Ausgeglichenheit der Liga 45

7 Fazit und Ausblick 49

8 Literaturverzeichnis 51

9 Internetquellen 56

10 Anhangverzeichnis 58

Abkürzungsverzeichnis

AMZ	Ausgleichsmesszahl
DFB	Deutscher Fußball-Bund
DFL	Deutsche Fußball-Liga
FKMZ	Finanzkraftmesszahl
GEZ	Gebühreneinzugszentrale
GWB	Gesetz gegen Wettbewerbsbeschränkungen
HWWI	Hamburgisches Weltwirtschaftsinstitut
IPTV	Internet Protocol Television
ISPR	Internationale Sportrechte-Verwertungsgesellschaft
OVR	Ordnung für die Verwertung kommerzieller Rechte
UFA	Universum Film AG

Abbildungsverzeichnis

Abbildung 1: Preisentwicklung der Übertragungsrechte im Lizenz-Fußball 16

Abbildung 2: Die Teilnehmer der Wertschöpfungskette 19

Abbildung 3: Markttransaktionsphasen und zugehörige Kosten 35

Tabellenverzeichnis

Tabelle 1: Fernsehgelderverteilung Variabler Betrag I 27

Tabelle 2: Ausprägung und Auswirkung transaktionsbegründender Faktoren bei der Zentral- und Direktvermarktung 41

1 Einleitung ....

> *"Die Wissenschaft kann dem Fußball helfen, in vielerlei Hinsicht. Aber aus dem Fußball eine Wissenschaft zu machen, wird keinem gelingen"* (HEIMANN 1998: 43).

Seit Bestehen der Fußball-Bundesliga werden die Fernseh-Übertragungsrechte an den Meisterschaftsspielen traditionell durch den Deutschen Fußball-Bund (DFB) bzw. in den letzten Jahren durch die Deutsche Fußball-Liga (DFL) zentral vermarktet. Im Hinblick auf die Erwirtschaftung höherer Fernseherlöse forderten die Top-Vereine FC Bayern München, Borussia Dortmund und Bayer 04 Leverkusen in der Vergangenheit eine individuelle Vermarktung[2] der TV-Rechte. Die Mehrzahl der Profi-Clubs plädierte hingegen für die Beibehaltung der Zentralvermarktung. Ihrer Meinung nach würde die ohnehin schon vorhandene finanzielle Kluft zwischen den Mannschaften im Falle einer dezentralen Vermarktung noch weiter wachsen. Letztlich würde dieser Effekt zu einer Einschränkung der sportlichen Attraktivität der Liga führen (Vgl. MATYSIAK 2003: 1).

Die vorliegende Bachelorarbeit setzt sich mit den Vor- und Nachteilen der aktuell praktizierten Zentralvermarktung und einer möglichen Einzelvermarktung der TV-Übertragungsrechte an den Spielen der Fußball-Bundesliga auseinander. Dabei soll zum Ergebnis gebracht werden, welche der beiden alternativen Vermarktungsformen die ökonomisch effizientere Lösung darstellt. Um eine realitätsnahe Analyse durchführen zu können, wurde ein Interview mit einem Sportökonomen und einem leitenden Funktionär eines Bundesliga-Erstligisten geführt. Diese Interviews sind vollständig im Anhang dieser Arbeit einzusehen.

Zu Beginn dieser Ausarbeitung wird zunächst der Markt für Bundesliga-TV-Rechte vorgestellt. In diesem Kontext wird ein Überblick über die historische Entwicklung der Bundesliga-Fernsehgelder gegeben. Des Weiteren werden die wechselseitigen Beziehungen der Marktakteure im Wertschöpfungsprozess des Fußball-Senderechtes näher erläutert.

---

[2] Die Bezeichnungen Einzelvermarktung, Individualvermarktung, Direktvermarktung und dezentrale Vermarktung werden im Rahmen dieser Arbeit als Synonym verwendet.

Das dritte Kapitel beschäftigt sich mit den rechtlichen Hintergründen der Zentralvermarktung. Der juristische Aspekt der ausgeübten Vermarktungsform ist nicht zu vernachlässigen, da zwischen den nationalen Wettbewerbsbehörden und den Fußballverbänden seit Jahren Konflikte um die zentrale Vermarktung der Bundesliga-Fernsehrechte bestehen.[3] In diesem Zusammenhang wird kurz auf die früheren Beschlüsse des Bundeskartellamtes und des Bundesgerichtshofes zu dem Thema Zentralvermarktung der Profifußball-Übertragungsrechte eingegangen.

Das vierte Kapitel beschäftigt sich mit der Erlösumverteilung der Fernsehgelder im deutschen Lizenzfußball. Neben dem derzeit gültigen Verteilerschlüssel wird auch ein potentielles Finanzausgleichsmodell der TV-Einnahmen unter einer dezentralen Vermarktung vorgestellt. Hierbei soll primär die Frage geklärt werden, ob eine Erlösumverteilung der Bundesliga-Fernsehgelder bei einer Einzelvermarktung prinzipiell ermöglicht werden kann.

Das anschließende Kapitel behandelt die Thematik, welchen Einfluss die Transaktionskosten in den alternativen Modellen der Zentral- und Einzelvermarktung haben. In diesem Zusammenhang soll insbesondere untersucht werden, welche der beiden Vermarktungsformen unter transaktionsökonomischen Gesichtspunkten effizienter ist.

Im sechsten Kapitel erfolgt eine Analyse hinsichtlich der wirtschaftlichen und sportlichen Auswirkungen der Zentralvermarktung gegenüber einer dezentralen Vermarktung der Bundesliga-TV-Rechte. Insbesondere soll hier überprüft werden, ob bei einer möglichen Systemumstellung zu einer dezentralen Vermarktungsform insgesamt höhere Fernseherlöse erzielt werden können. Des Weiteren gilt es zu klären, inwieweit die sportliche Ausgeglichenheit der Fußball-Bundesliga bei einer Änderung des Vermarktungssystems beeinflusst würde.

Im letzten Schritt der Ausarbeitung wird rückblickend auf diese Untersuchung ein Fazit gezogen und auf zukünftige Entwicklungen eingegangen.

---

[3] Vgl. o.V. 2008: Bundesliga-Fernsehvertrag auf der Kippe (www.rp-online.de); o.V. 2009: DFL klagt gegen Bundeskartellamt (www.kicker.de).

2 Der Markt für Fernsehübertragungsrechte an den Spielen der Fußball-Bundesliga

Der deutsche Profifußball hat sich in den vergangenen zwei Jahrzehnten zu einem bedeutenden Wirtschaftsfaktor entwickelt.[4] Besonders exemplarisch für diesen Bedeutungszuwachs ist die rasante Preisentwicklung der TV-Übertragungsrechte an den Spielen der Fußball-Bundesliga. Seit der Liberalisierung des Fernsehmarktes im Jahre 1985 sind die Preise für die Senderechte um das 67-fache angestiegen. Diese explosionsartige Entwicklung ist ein Beleg dafür, dass sich der Fußball in der heutigen Gesellschaft zunehmender Beliebtheit erfreut und für die Fernsehsender einen enormen strategischen Wert darstellt (Vgl. VÖPEL/QUITZAU 2009: 11).

In diesem einführenden Kapitel wird ein Überblick über die preisliche Entwicklung der Bundesliga-Fernsehgelder gegeben. Hierbei soll dargelegt werden, dass das Vermarktungsmonopol des DFB bzw. der DFL[5] historisch gesehen nicht das Resultat einer bewusst gewählten Vermarktungsstrategie ist, sondern sich eher aus den Besonderheiten des Fernsehmarktes entwickelt hat (Vgl. VÖPEL/QUITZAU 2009: 11). Neben der preislichen Entwicklung wird des Weiteren auch der Wertschöpfungsprozess eines Bundesliga-TV-Rechtes näher erläutert.

---

[4] Gemäß einer Studie des Wirtschaftsprüfungsinstitutes McKinsey & Company erzeugt der Profi-Fußball derzeit eine jährliche Wertschöpfung von mehr als fünf Mrd. Euro. Damit trägt der Wirtschaftsfaktor Fußball jeden fünfhundertsten Euro zum Bruttoinlandsprodukt in Deutschland bei (Vgl. DEUTSCHE FUßBALL LIGA 2010a)

[5] Um dem hohen finanziellen Stellenwert des Profifußballs der ersten und zweiten Bundesliga gerecht zu werden, wurde am 1. Juli 2001 der Ligaverband gegründet. Er ist der Zusammenschluss der lizensierten Vereine und Kapitalgesellschaften beider Fußball-Bundesligen. Das operative Geschäft des Ligaverbandes übernimmt dieser jedoch nicht selbst, sondern die eigens für diesen Zweck gegründete DFL. Zu ihrem Hauptaufgabenbereich gehört neben der Leitung des Spielbetriebes auch die Vermarktung der Fernsehübertragungsrechte. Seit dem im Jahre 2001 vollzogenen Strukturwandel ist sie folglich der direkte Vertragspartner für alle Rechtsgeschäfte, die in diesem Zusammenhang stehen (Vgl. BRAST/STÜBINGER 2005: 24ff.).

2.1 Die historische Entwicklung der Zentralvermarktung

Die Entwicklung des Fernsehmarktes für Sportrechte lässt sich im Wesentlichen in drei Phasen unterteilen (Vgl. AMSINCK 1997: 62). Über einen Zeitraum von rund 20 Jahren (1965-1985) stand dem DFB als einzigem Anbieter von TV-Rechten das Nachfragemonopol der öffentlich-rechtlichen Sendeanstalten gegenüber (Vgl. Anhang: Tabelle 1).[6] Zu dieser Zeit konnte folglich – zumindest in Europa – nicht von dem Vorhandensein eines differenzierten Sportrechtemarktes gesprochen werden. Die Anzahl der Verhandlungspartner auf den beiden Marktseiten sowie die gezahlten Preise waren überschaubar.[7] Dies führte letztendlich dazu, dass die beteiligten Parteien unmittelbar miteinander im Gespräch waren und ein Sportrechtehandel nicht stattfinden konnte (Vgl. ELTER 2003: 168).

Die Situation am Rechtemarkt änderte sich jedoch grundlegend als die privaten Fernsehsender (RTL und SAT.1) im Jahre 1984 ihren Sendebeginn verkündeten. Die zweite Entwicklungsphase begann daher mit einem regen Wettbewerb um die Übertragungsrechte auf der Nachfrageseite, während das Angebotsmonopol des DFB bestehen blieb. Die jungen Sendeanstalten investierten hohe Summen in die Senderechte, da sie relativ schnell erkannt haben, dass die Fußball-Bundesliga als „Zugpferd" zur Etablierung auf dem Fernsehmarkt genutzt werden kann. Ein weiterer Grund für die darauffolgenden Preissprünge war das Aufkommen von Sportrechteagenturen auf dem Fernsehmarkt. Der DFB bzw. die DFL hat seither die Möglichkeit, die Senderechte nicht nur an Medienunternehmen zu veräußern, sondern auch an Rechteagenturen, die sich auf den Verkauf von Übertragungsrechten spezialisiert haben und dementsprechend deutlich höhere Vermarktungserlöse erzielen können (Vgl. SCHEWE/GAEDE 2005: 137). Als der Medienvertrag mit den öffentlich-rechtlichen Fernsehsendern im Jahre 1987 auslief, erwarb die UFA Sports GmbH als erste Vermarktungsagentur die TV-Rechte für

---

[6] QUITZAU bezeichnet diese Marktkonstellation als „bilaterales Monopol" (Vgl. 2010: 194).

[7] Erst im dritten Jahr ihres Bestehens erzielte die Bundesliga Einnahmen aus der Vermarktung von Fernsehrechten. Die öffentlich-rechtlichen TV-Sender, die oft gemeinsam als Nachfrager auftraten, zahlten damals für die Übertragungsrechte an der Spielsaison 1965/1966 umgerechnet 0,33 Mio. Euro (Vgl. SWIETER 2002: 35).

zunächst drei Spielzeiten. Hierfür zahlte das Unternehmen eine Summe von durchschnittlich 20,25 Mio. Euro pro Saison (Vgl. ELTER 2003: 170).

Die folgende Abbildung zeigt die explosionsartige Preisentwicklung der TV-Gelder seit der Gründung der Fußball-Bundesliga.

Abbildung 1: Preisentwicklung der Übertragungsrechte im Lizenz-Fußball

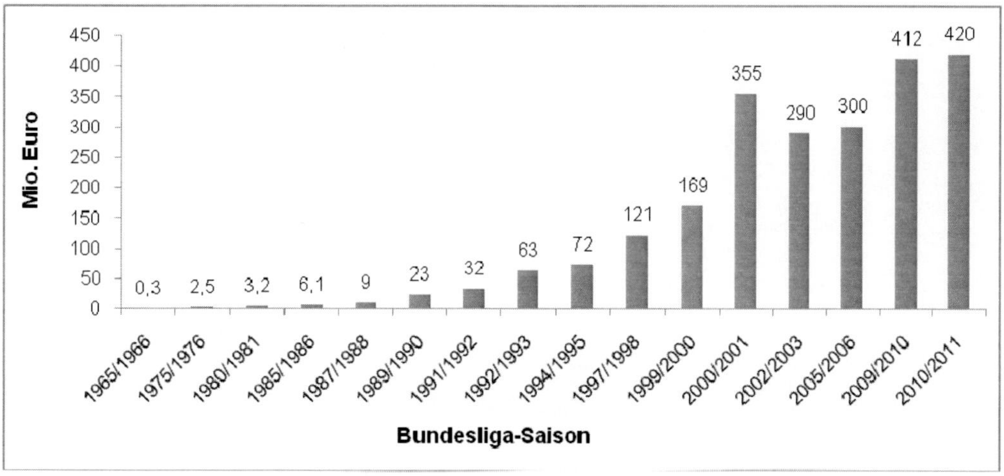

Quelle: In Anlehnung an DEUTSCHE FUßBALL LIGA 2006: 117.

Eine dritte Preisentwicklungsphase begann im Jahre 1991 mit der Einführung des analogen Pay-TV durch den Fernsehsender Premiere (heute Sky Deutschland). Für den Empfang von Live-Übertragungen musste der Fernsehzuschauer ein zeitlich befristetes Abonnement abschließen. Durch die technische Weiterentwicklung zum digitalen Fernsehen hatte der Endverbraucher zudem die Möglichkeit, einzelne Fußballübertragungen gegen eine Gebühr im sogenannten Pay-Per-View-Verfahren zu konsumieren. Diese innovativen Pay-TV-Formen stellten für die Bezahlfernsehsender neue Refinanzierungspotentiale dar und erlaubten somit weitere Preissprünge (Vgl. SCHEWE/GAEDE 2005: 137). Die zunehmende Konkurrenz unter den Sportrechteagenturen ließ darüber hinaus die Preise für die Bundesliga-TV-Rechte im Laufe der Jahre zusätzlich ansteigen. Die Internationale Sportrechte Verwertungsgesellschaft GmbH (ISPR) erwarb mit dem Beginn der Spielsaison 1992/1993 die exklusiven Übertragungsrechte vom DFB für fünf Jahre zum Preis von umgerechnet 84,3 Mio. Euro pro Saison (Vgl. Anhang:

Tabelle 1). Verglichen mit dem ausgelaufenen UFA-Sports-Vertrag bedeutete dies eine Verdreifachung des Rechtepreises (Vgl. ELTER 2003: 173).

Die kontinuierliche Preis-Aufwärtsentwicklung wurde im Herbst des Jahres 2002 durch die Kirch-Insolvenz gestoppt. Mit dem Beginn der Spielsaison 2000/2001 hatte sich die Vermarktungsagentur KirchSport AG dazu verpflichtet, dem DFB für den Kauf der Fernseh-Übertragungsrechte jährlich eine Summe von 355 Mio. Euro zu bezahlen. Infolge des Insolvenzverfahrens war die Kirch-Gruppe jedoch nicht mehr in der Lage, die vertraglich vereinbarten Zahlungen zu entrichten. Schließlich übernahm eine Rechteagentur namens Infront die TV-Rechte für den restlichen Vertragszeitraum (2002-2004). Die Vermarktungsagentur bezahlte dem DFB bzw. der inzwischen neu gegründeten DFL einen deutlich niedrigeren Preis von 290 Mio. Euro anstatt der ursprünglich gezahlten Summe (Vgl. HACKFORTH/SCHAFFRATH 2008: 395f.).

Nichtsdestotrotz war zum ersten Mal in der Geschichte der Fußball-Bundesliga im Zuge der Kirch-Insolvenz ein Preisrückgang der TV-Rechte zu verzeichnen. Dieser Trend blieb jedoch nicht lange bestehen, da im Dezember des Jahres 2005 unter anderem die Fernsehsender ARD, Arena sowie DSF (heute Sport1) die Fernseh-Übertragungsrechte von der DFL bis zur Spielzeit 2008/2009 für eine jährliche Zahlung von 420 Mio. Euro erstanden (Vgl. BERGER 2008: 49).

Im medienökonomischen Sinne sah es zunächst nach weiterem Wachstum aus, da sich die Kirch-Gruppe wieder für die Vermarktung der TV-Rechte von der Spielsaison 2009 bis 2015 interessierte und bereit war, einen deutlich höheren Preis als bisher zu bezahlen. Für den erwähnten Vertragszeitraum erwarteten die sechsunddreißig Profi-Vereine jährliche Fernseheinnahmen von durchschnittlich 500 Mio. Euro. Das damalige Ausschreibungsverfahren der DFL wurde letztendlich aufgrund wettbewerbsrechtlicher Bedenken durch das Bundeskartellamt untersagt. Diese Entscheidung führte daraufhin zum Rückzug der Kirch-Tochter Sirius. Tatsächlich wurden die Medienrechte nach komplizierten Verhandlungen an die Fernsehsender ARD, ZDF, Sport1 sowie Sky Deutschland verkauft (Vgl. Anhang: Tabelle 1). Die Profivereine erzielen im Rahmen des Medienvertrages seit dem Jahr 2009 TV-Einnahmen über insgesamt 417 Mio. Euro pro Saison (Vgl. TROSIEN 2009: 177).[8]

Im Hinblick auf die Fernseheinnahmen ausländischer Fußball-Profi-Ligen wird davon ausgegangen, dass das Limit der gezahlten Rechtepreise am deutschen TV-Rechte-Markt noch nicht erreicht ist. Eine Steigerung der Übertragungsrechtepreise ist jedoch kurzfristig eher unwahrscheinlich, da am nationalen Fernsehmarkt lediglich ein finanzkräftiger Pay-TV-Anbieter existiert. Dieser Anbieter ist somit in der Lage, den TV-Rechte-Preis ohne vorhandene Konkurrenz weitgehend selbst zu bestimmen.[9]

2.2 Die Wertschöpfungskette der Bundesliga-Fernsehvermarktung

Im diesem Kapitel soll der Wertschöpfungsprozess eines Bundesliga-TV-Rechtes näher analysiert werden. Bei einer Gegenüberstellung der im Rahmen dieser Bachelorarbeit diskutierten Vermarktungsformen sind die existierenden Strukturen am Fernsehmarkt näher zu berücksichtigen, falls man sich einen Überblick über die generellen Möglichkeiten zur Änderung der Vermarktungsform verschaffen will. Der Prozess der Wertschöpfung von Übertragungsrechten im Profi-Fußball wird im Wesentlichen von den vier bereits erwähnten Akteuren (Fußball-Vereine, DFB bzw. DFL, Fernsehprogramm-Anbieter und Fußball-Nachfrager) bestimmt (Vgl. SCHEWE/GAEDE 2005: 140f.). Am Beginn der Wertschöpfungskette stehen die Vereine der ersten und zweiten Bundesliga, da sie als Produzenten der Ware „Fußball" angesehen werden können. Die Profi-Clubs sind somit unmittelbar durch die Erstellung des Produktes an der „medialen Verwertung der Spiele" beteiligt (Vgl. ELTER 2003: 314). Der Prozess der Wertschöpfung beginnt

---

[8] QUITZAU ist der Ansicht, dass der aktuelle Bundesliga-TV-Vertrag als Erfolg bezeichnet werden kann, da trotz der schwierigen gesamtwirtschaftlichen Rahmenbedingungen ein relativ hohes Preisniveau erhalten blieb. Seiner Meinung nach kann aufgrund des inzwischen deutlich veränderten Wettbewerbsumfeldes stark bezweifelt werden, ob der geplatzte Rechtevertrag zwischen der DFL und der Vermarktungsagentur Sirius über ein Volumen von 500 Mio. Euro pro Saison überhaupt noch refinanzierbar gewesen wäre (Vgl. 2008c: Gut dotierter TV-Vertrag (www.sport-oekonomie.de)).

[9] Vgl. Anhang: B - Interview Andreas Kuhnt, Frage 1.

folglich bei den einzelnen Bundesligamannschaften, die als Veranstalter der Spiele die Ware „Fußball" anbieten.[10]

Im Anschluss an die Produkterstellung werden die Fernseh-Übertragungsrechte sämtlicher Fußballspiele auf der Ebene des Verbandes zentral vermarktet (Vgl. ELTER 2003: 314). Zentralvermarktung bedeutet, dass die Vereine die Medienrechte an ihren Heimspielen nicht individuell veräußern und um Sendeplätze mit anderen Bundesligisten konkurrieren, sondern dass jegliche Medienrechte an den Verband abgetreten werden (Vgl. VÖPEL/QUITZAU 2009: 31). Der Anbieter der TV-Rechte ist in diesem Falle der DFB, der daraufhin die gesamten Nutzungsrechte an den Ligaverband weitergibt. Dieser wiederum beauftragt die DFL als Agentur mit der Vermarktung der Senderechte. Der Vertrag mit dem Rechtevermarkter wird letztendlich mit dem Ligaverband abgeschlossen, da die DFL wie eine Rechteagentur im fremden Namen und für fremde Rechnung agiert. Die Vermarktungsagentur verkauft anschließend die von der DFL erworbenen Nutzungsrechte nach Aufteilung diverser Rechtepakete an eine Vielzahl von Rechteverwertern wie z. B. Fernsehsendern weiter (Vgl. ELTER 2003: 314). Die folgende Abbildung zeigt die Wertschöpfungskette „medialer Rechte" im Profi-Fußball.

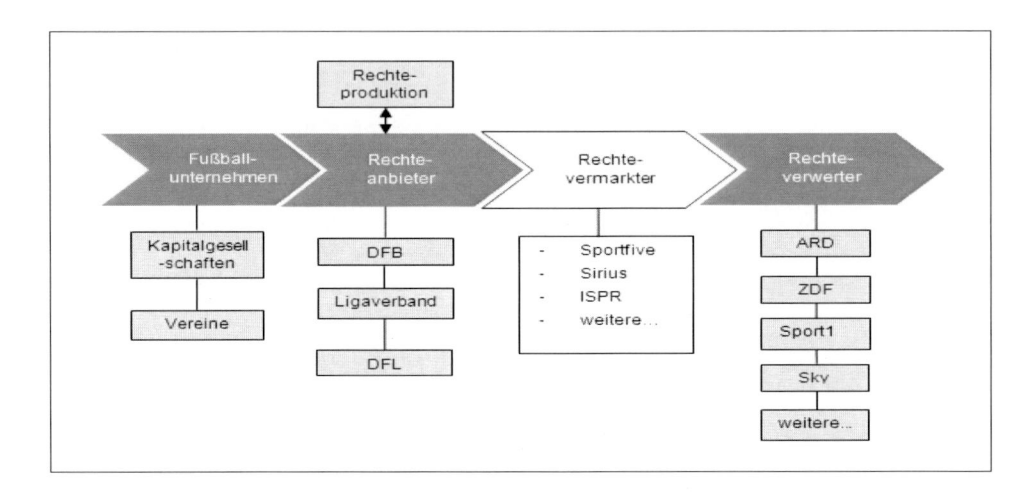

Abbildung 2: Die Teilnehmer der Wertschöpfungskette

Quelle: In Anlehnung an ELTER 2003: 315.

---

[10] Originärer Rechteanbieter ist juristisch gesehen der Heimverein, der u. a. die organisatorische Verantwortung und vor allem das wirtschaftliche Risiko für die Begegnungen der Mannschaften trägt (Vgl. PARLASCA 2006: 32).

Anzumerken ist an dieser Stelle, dass die Funktion der Rechtevermarkter im Wertschöpfungsprozess der aktuellen Spielsaison 2010/2011 ausgeschaltet ist, da die TV-Rechte von den einzelnen Sendeanstalten direkt, also ohne Zwischenschaltung einer Rechteagentur erworben wurden. Diese Änderung wird in der Abbildung 2 farblich hervorgehoben. Am Ende der Wertschöpfungskette stehen die in der Grafik bewusst nicht aufgeführten Fernsehzuschauer. Da sich die öffentlich-rechtlichen Sendeanstalten über andere Einnahmequellen in Form von Gebühren refinanzieren können, besteht bei diesen Verwertern keine direkte Abhängigkeit von den Endkonsumenten. Aus diesem Grund kann der Endverbraucher im Wertschöpfungsprozess eines Bundesliga-TV-Rechtes nicht problemlos miteinbezogen werden (Vgl. ELTER 2003: 315).

3 Rechtsprechung und Stand der juristischen Diskussion

Um einen Überblick über das rechtliche Umfeld zu bekommen, werden in dem folgenden Kapitel die früheren Beschlüsse des Bundeskartellamtes sowie des Bundesgerichthofes in Sachen Zentralvermarktung der Bundesliga-TV-Rechte erläutert. Anschließend wird auf den juristischen Status quo des praktizierten Vermarktungsmodells eingegangen. Es soll ferner dargelegt werden, dass die Zentralvermarktung von Übertragungsrechten an den Spielen der Fußball-Bundesliga mit rechtlichen Problemen verbunden ist.

3.1 Bis dato getroffene Entscheidungen

Die Bundesliga-TV-Rechte wurden seit der Existenz der entgeltlichen Vermarktung durch den DFB bzw. durch die DFL zentral verkauft. Die Zentralvermarktung der Fußballspiele ist aus § 9 der Ordnung für die Verwertung kommerzieller Rechte (OVR) abzuleiten.[11]

---

[11] Laut § 9 OVR steht der DFL das alleinige Recht zu, die Fernseh-Übertragungsrechte an den Spielen der Fußball-Bundesliga eigenständig zu vermarkten. Diese Regelung gilt auch für die Vermarktungsrechte aller künftigen technischen Einrichtungen jeder Art und jeder Verwertungsform, insbesondere des Internets (Vgl. DEUTSCHE FUßBALL LIGA GMBH 2004: Ordnung für die Verwertung kommerzieller Rechte (www.bundesliga.de)).

Mit Beschluss vom 2.9.1994 untersagte das Bundeskartellamt dem DFB die zentrale Vermarktung der Heimspiele deutscher Fußballmannschaften im „Europapokal". Als Hauptargument nannte das Kartellamt den Sachverhalt, dass die praktizierte Zentralvermarktung eine Wettbewerbsbeschränkung darstelle. Eine Beschränkung des Wettbewerbs liegt grundsätzlich vor, wenn potentielle oder tatsächliche Wettbewerber ihre Handlungsfreiheit hinsichtlich mindestens eines Wettbewerbsparameters beschränken. Diese Voraussetzung sah das Bundeskartellamt bei der zentralen Vermarktung der TV-Rechte an den Heimspielen des Europapokals als erfüllt an, da zwischen den deutschen Teilnehmern des Turniers jeglicher Preis- und Konditionenwettbewerb ausgeschlossen wurde (Vgl. QUITZAU 2003: 5f.). Des Weiteren stellte das Kartellamt fest, dass juristisch gesehen nicht der DFB, sondern die jeweiligen Heimmannschaften Veranstalter der Spiele seien, da sie auch das finanzielle Risiko der Veranstaltungen tragen würden. Demzufolge hätten die deutschen Vereine und nicht der DFB das Recht, die Fernsehübertragungsrechte eigenständig zu vermarkten (Vgl. PRINZ/VOGEL 2001: 237).

Im Jahre 1997 bestätigte der Bundesgerichtshof das vom Kartellamt verhängte Verbot der zentralen Vermarktung von Europapokalheimspielen durch den DFB (Vgl. QUITZAU 2003: 7). Das Gericht entschied darüber hinaus, dass das praktizierte Vermarktungsmodell ein „wettbewerbswidriges Kartell" darstellt.[12] Nach Auffassung des Bundesgerichtshofes erleichtert die Kartellbildung die Weitergabe der Übertragungsrechte als Leistungspaket an einzelne Käufer und bietet damit die Möglichkeit der Ausnutzung einer Monopolstellung. Es bestehe daher grundsätzlich die Gefahr, dass durch die zentrale Vermarktung ein zu hoher Rechtepreis realisiert werde. Diese Tatsache hätte eine Erhöhung der Fernsehgebühren sowie längere Werbeunterbrechungen für den Fernsehzuschauer zur Folge. Das Urteil des Bundesgerichtshofes führte letztendlich dazu, dass die individuelle Vermarktung von Europapokalheimspielen, wie sie bis zum Saisonende 1985/1986 bestand, wieder eingeführt wurde (Vgl. MATYSIAK 2003: 13).

Im Nachgang zu den Beschlüssen des Bundeskartellamtes und des Bundesgerichtshofes wurde argumentiert, dass auch die Zentralvermarktung der Bundesliga-TV-Rechte ein „wettbewerbswidriges" Kartell darstelle. Daraufhin änderte der Gesetzgeber das Gesetz

---

[12] Nach Ansicht von PARLASCA ist die Zentralvermarktung die gravierendste Form der Kartellbildung. Sie wird daher auch als „hard-core-Kartell" bezeichnet (Vgl. 2006: 34).

gegen Wettbewerbsbeschränkungen (GWB), indem der § 31a, der die zentrale Vermarktung von „satzungsgemäß durchgeführten Sportveranstaltungen" vom Kartellrecht ausnahm, aufgenommen wurde (Vgl. SCHEWE/GAEDE 2005: 146). Es deutete sich jedoch früh an, dass diese juristische Entscheidung nicht mit dem EU-Recht zu vereinbaren war. Die EU-Kommission wies dabei auf den Widerspruch der angestrebten Regelungen und der deutschen Position beim Amsterdamer Vertrag hin. Im Jahre 1997 war auf der Regierungskonferenz zugesagt worden, den „Ausnahmebereich Sport" im Anwendungsbereich des europäischen Kartellrechts zu belassen und keinen Ausnahmebereich zu schaffen (Vgl. WOLF 2005: 174). Tatsächlich wurde im Jahre 2005 der „Ausnahmebereich Sport" im Zuge der Europäisierung des Kartellrechts und im Rahmen der siebten Kartellrechtsnovelle wieder gestrichen.[13] Damit war das Bundeskartellamt in Sachen der Zentralvermarktung der Bundesliga-TV-Rechte wieder zuständig (Vgl. QUITZAU 2010: 196).

3.2 Der rechtliche Status quo der Zentralvermarktung

Im Oktober 2007 eskalierte der Konflikt zwischen der mittlerweile für die Rechtevergabe zuständigen DFL und dem Bundeskartellamt. Wie bereits in Kapitel 2.1 erwähnt, wurden die TV-Rechte für fünf Spielzeiten ab 2009/2010 an die Rechteagentur Sirius veräußert. Die sechsunddreißig Vereine der ersten und zweiten Fußball-Bundesliga erhofften sich durch den abgeschlossenen Fernsehvertrag durchschnittliche Jahreseinnahmen über 500 Mio. Euro (Vgl. QUITZAU 2010: 196).

Der Medienvertrag wurde daraufhin monatelang vom Bundeskartellamt überprüft und letztendlich abgelehnt. Nach Auffassung des Kartellamtes handelt es sich auch bei der Zentralvermarktung von Bundesliga-TV-Rechten um eine Kartellvereinbarung.[14] Sie sei in der praktizierten Form nach dem Europäischen Kartellrecht grundsätzlich nicht erlaubt, da sie die Möglichkeit bietet, dass die beteiligten Parteien die Konditionen einseitig diktieren und das Angebot beschränken. Trotzdessen sei eine zentrale Ver-

---

[13] Vgl. HAUCAUP 2008: Weg mit der Zentralvermarktung – Fußball für Fans, nicht für Funktionäre (www.wirtschaftlichefreiheit.de).

[14] Vgl. BUNDESKARTELLAMT 2008: Statement zur Pressekonferenz am 24. Juli 2008 zum Thema „Zentralvermarktung der Verwertungsrechte der Fußball-Bundesliga ab dem 1.Juli 2009" (www.bundeskartellamt.de).

marktungsform in der Fußball-Bundesliga ausnahmsweise dann zulässig, wenn sichergestellt werden kann, dass die Fernsehzuschauer an den aus der Zentralvermarktung resultierenden Vorteilen angemessen beteiligt werden. Diese Voraussetzung sah das Kartellamt bei dem damaligen TV-Vertrag zwischen der DFL und der Rechteagentur Sirius als nicht gegeben. Mit dem Beschluss des Bundeskartellamtes aus dem Jahre 2008 werden die Forderungen nach einer angemessenen Verbraucherbeteiligung als erfüllt angesehen, wenn eine zusammenfassende Berichterstattung der Bundesligaspiele zeitnah im Free-TV erfolgt. Dabei wurde den Verhandlungspartnern freigestellt, ob die zusammenfassende Berichterstattung im öffentlich-rechtlichen Fernsehen oder bei den privaten Fernsehsendern ausgestrahlt wird (Vgl. ebenda: 196f.).

Es ist festzuhalten, dass die Zentralvermarktung der Bundesliga-TV-Rechte mit diversen rechtlichen Problemen behaftet ist. Das Ergebnis einer juristischen Gegenüberstellung der alternativen Vermarktungsformen würde höchstwahrscheinlich zu Gunsten einer Einzelvermarktung der TV-Rechte ausfallen, da bei einer individuellen Vermarktung der Übertragungsrechte faktisch kein Angebotskartell der DFL existieren würde. Die Vereine könnten ihre Fernsehrechte in Eigenregie vermarkten und hätten folglich keine Probleme mit dem Bundeskartellamt.[15]

---

[15] Vgl. Anhang: A - Interview Dr. Jörn Quitzau, Frage: 4.

4 Wirtschaftliches Ausgleichsmodell

Anders als in der freien Wirtschaft haben die teilnehmenden Mannschaften der Bundesliga ein Interesse an der Lebensfähigkeit ihrer Konkurrenten, weil die vermarktungsfähige Ware „Fußball" nicht im Alleingang einzelner Vereine produziert werden kann. Ein zu starkes Leistungsgefälle innerhalb der Liga und die hieraus resultierende Vorhersehbarkeit des Spielausganges könnte das Vermarktungspotential eines Bundesliga-TV-Rechts beachtlich reduzieren (Vgl. WALDHAUSER 1999: 250). Dieser Annahme liegt das sportökonomische Konzept des „Lewis-Schmeling-Paradoxon" mit folgender Aussage zugrunde:

„Oh Lord, make us good, but not that good" (NEALE 1964: 1f.).

Der Kerngedanke bei diesem Konzept ist, dass die klare Überlegenheit eines Sportlers bzw. einer Fußballmannschaft nicht von Vorteil sei, weil dadurch das Zuschauerinteresse nachließe und deshalb mit dem Sport kein Geld mehr zu verdienen sei (Vgl. QUITZAU 2010: 197). Eine wesentliche Aufgabe der Liga ist daher die Bereitstellung einer wirtschaftlichen Grundausstattung, so dass zwischen den einzelnen Vereinen ein Wettbewerb ermöglicht wird. Die Fußball-Bundesliga lässt sich folglich nur lukrativ vermarkten, wenn sie von lebensfähigen und leistungsstarken Konkurrenten betrieben wird. Im Vergleich zu anderen Märkten außerhalb des Sports macht es daher keinen Sinn, eine Alleinbieterstellung anzustreben (Vgl. ELTER 2003: 65). Nach Ansicht der DFL wird durch die praktizierte Zentralvermarktung eine Umverteilung der finanziellen Ressourcen unter den Bundesligamannschaften ermöglicht. Diese Methode eines Finanzausgleichs sei wiederum von Vorteil, da hierdurch die Voraussetzung für eine spannende Liga geschaffen werde.[16]

Im dem folgenden Kapitel wird zunächst das Finanzausgleichsmodell der Bundesliga-TV-Einnahmen unter der derzeit praktizierten Zentralvermarktung erläutert. Anschließend wird ein potentielles Finanz-Ausgleichssystem für ein dezentrales Vermarktungsmodell vorgestellt. Durch die Darlegung des erwähnten Modells, soll gleichzeitig die These widerlegt werden, dass nur durch eine zentrale Vermarktung der TV-Rechte eine

---

[16] Vgl. INDERST/HAUCAUP 2008.

Umverteilung der Fernsehgelder gewährleistet wird. Es erfolgt bereits an diesem Punkt eine erste ökonomische Gegenüberstellung der alternativen Vermarktungssysteme.

4.1 Zentralvermarktung und wirtschaftlicher Ausgleich

Die Einnahmen aus dem Verkauf der Fernseh-Übertragungsrechte wurden bis zur Spielsaison 1999/2000 innerhalb der ersten und zweiten Bundesliga fast gleichmäßig unter den Vereinen aufgeteilt.[17] Obwohl z. B. der Tabellenerste viel öfter und ausgiebiger im Fernsehen zu sehen war als der Tabellenletzte, erhielten die Bundesligisten nahezu die gleichen Anteile aus dem Verkauf der Senderechte (Vgl. FRANCK/MÜLLER 2000: 13). Durch diese egalitäre Verteilung war die Erlösspanne zwischen den einzelnen Profivereinen nur sehr gering.[18]

Die sportlich weniger erfolgreichen Clubs der Bundesliga befürworteten verständlicherweise mehrheitlich den Fortbestand der Zentralvermarktung, da sie im Vergleich zu einer Einzelvermarktung der Fernsehrechte relativ besser gestellt waren. Lediglich die zur damaligen Zeit erfolgreichsten Vereine wie der FC Bayern München, Borussia Dortmund und Bayer 04 Leverkusen sprachen sich öffentlich gegen die Zentralvermarktung aus, da sie mit der gleichmäßigen Verteilung der TV-Einnahmen nicht einverstanden waren (Vgl. KRUSE/QUITZAU 2003: 12). Die Spitzenvereine bezogen die Position, dass sie durch eine Einzelvermarktung der Heimspiele wesentlich höhere Erlöse erzielen würden als es bei der ausgeübten Zentralvermarktung der Fall ist. Der Konflikt eskalierte zum Beginn der Saison 2000/2001 als die Bundesliga-Clubs FC Bayern München und Bayer 04 Leverkusen den § 3 Nr. 3 des DFB-Lizenzstatutes eigenhändig strichen. Dieser Paragraph sicherte dem DFB damals die alleinigen Fernseh-Vermarktungsrechte zu. Schließlich einigten sich die betroffenen Parteien, indem ein Verteilungsschlüssel mit einer leistungsorientierten Komponente eingeführt wurde (Vgl. SCHEWE/GAEDE 2005: 147).

---

[17] Hierbei wurden 65 % der erzielten TV-Erlöse unabhängig vom sportlichen Erfolg gleichmäßig unter den Proficlubs der ersten Bundesliga und die restlichen 35 % zu gleichen Teilen unter den Fußball-Clubs der zweiten Bundesliga verteilt (Vgl. SCHEWE/GAEDE 2005: 147).

[18] Die Spanne der individuellen Erlöse aus der TV-Vermarktung der Bundesligaspiele reichte z. B. in der Saison 1998/1999 von umgerechnet 6,24 bis zu 7,67 Mio. Euro (Vgl. FRANCK/MÜLLER 2000: 13).

4.1.1 Der TV-Gelder-Schlüssel

Bei dem bis zur Spielsaison 2006/2007 gültigen Verteilungsschlüssel teilte der DFB die gesamten TV-Einnahmen zunächst im Verhältnis 80:20 zwischen der ersten und zweiten Bundesliga. Die Erlöse aus der Fernseh-Vermarktung betrugen in der Bundesliga-Saison 2001/2002 ca. 358 Mio. Euro. Davon erhielten die Clubs der ersten Bundesliga folglich 286 Mio. Euro und die Vereine der zweiten Bundesliga 72 Mio. Euro. Die Einnahmen der jeweiligen Liga wurden dann im Verhältnis 50:50 und zugleich variabel aufgeteilt (Vgl. ELTER 2003: 67). Für die erste Bundesliga ergab sich damit ein fixer Betrag von 148 Mio. Euro (50 % von 286 Mio. Euro), der allen achtzehn Vereinen zu gleichen Teilen zugewiesen wurde. Jeder Verein bekam also einen festen Betrag über 8,2 Mio. Euro zugesichert. Der variable Anteil hingegen orientierte sich zu 37,5 % (Variabler Betrag I) an dem sportlichen Erfolg der vergangenen drei Spielzeiten und zu 12,5 % (Variabler Betrag II) an dem sportlichen Erfolg des laufenden Jahres. Der „Variable Betrag I" wurde anhand der Abschlussplatzierungen der einzelnen Fußballvereine am Ende der jeweiligen Saison ermittelt (Vgl. ebenda). Die Berechnung des „Variablen Betrags I" lässt sich am besten durch die folgende Tabelle veranschaulichen.

Tabelle 1: Fernsehgelderverteilung Variabler Betrag I

Bundesligaverein	Gewichtung der Platzierung mit Wertungspunkten			Wertungspunkte	Anteil an Gesamtwertungspunkten	Variabler Betrag I
	2000/2001	1999/2000	1998/1999	Summe	Prozentsatz	Mio. Euro
FC Bayern München	108	72	36	216	7,7%	8,2
Bayer 04 Leverkusen	99	70	35	204	7,2%	7,7
Hertha BSC Berlin	96	62	34	192	6,8%	7,2
Borussia Dortmund	102	52	33	187	6,6%	7,2
1. FC Kaiserslautern	87	64	32	183	6,5%	7,2
FC Schalke 04	105	48	27	180	6,4%	6,6
VfL Wolfsburg	84	60	31	175	6,2%	6,6
TSV 1860 München	78	66	28	172	6,1%	6,6
Hamburger SV	72	68	30	170	6,0%	6,6
SV Werder Bremen	90	56	24	170	6,0%	6,6
SC Freiburg	93	50	25	168	6,0%	6,6
VfB Stuttgart	66	58	26	150	5,3%	5,6
FC Hansa Rostock	75	44	23	142	5,0%	5,6
1. FC Köln	81	36	9	126	4,5%	4,6
FC Energie Cottbus	69	32	8	109	3,9%	4,1
1. FC Nürnberg	54	30	21	105	3,7%	4,1
Borussia Mönchengladbach	51	28	19	98	3,5%	3,6
FC St. Pauli	48	10	10	68	2,4%	2,6
Gesamt	1458	906	451	2815	100,0%	107,3

Quelle: In Anlehnung an ELTER 2003: 68.

Für die Punktewertung wurden die beiden Fußball-Profiligen zusammengefasst. Der Erstplatzierte der ersten Bundesliga erhielt dabei sechsunddreißig Wertungspunkte und der Tabellenletzte der zweiten Bundesliga einen Wertungspunkt. Dabei wertete der DFB die zu vergebenen Punkte unterschiedlich. Die Abschlussplatzierung des vergangenen Jahres wurden mit dem Faktor drei, die Platzierung der vorherigen Saison mit dem Faktor zwei und die Abschlussplatzierung der drittletzten Saison mit dem Faktor eins gewertet. Die Summe der Wertungspunkte des jeweiligen Vereins wurde anschließend durch die Gesamtpunktzahl aller Bundesligisten dividiert und mit dem „Variablen Betrag I" (37,5 % von 286 Mio. Euro = 107,3 Mio. Euro) multipliziert. Zusätzlich wurde der Variable Betrag II ausgeschüttet, welcher nach jedem Bundesligaspieltag neu kalkuliert wurde (Vgl. ebenda). Aus der letzten Zeile der Tabelle 1 lässt sich ablesen, dass an alle Bundesligavereine insgesamt 2815 Wertungspunkte vergeben wurden. Der FC Bayern erreichte dabei beispielsweise 216 Wertungspunkte. Dies entspricht einem Anteil von 7,7 %. Gemäß diesem ermittelten Prozentsatz wurde der Verein an dem „Variablen Betrag I" von 107,3 Mio. Euro mit 8,2 Mio. Euro beteiligt. Hinzu kam der fixe Betrag in Höhe von 8,2 Mio. Euro (148 Mio./18 Mio. Euro) und der „Variable Betrag II". Der FC Bayern München erzielte somit in der Bundesligaspielsaison 2000/2001 insgesamt 16,4 Mio. Euro an TV-Einnahmen (Vgl. STRAßHEIM 2005: 26).

4.1.2 Der modifizierte Fernsehgelderschlüssel

Die sportlich erfolgreichen Bundesligavereine waren mit dem eingeführten Verteilerschlüssel nicht zufriedenzustellen und verglichen ihre TV-Einnahmen häufig mit ausländischen Proficlubs, die aufgrund einer Einzelvermarktung wesentlich höhere Fernseherlöse erzielen konnten.[19] Um die Wettbewerbsfähigkeit der international spielenden Bundesliga-Mannschaften aufrechtzuerhalten, führte die DFL zur Spielzeit 2006/2007 einen überarbeiteten Verteilerschlüssel ein, der noch leistungsorientierter ist. Dieser unterscheidet sich von dem vorherigen nur in einem sehr geringen Umfang. Neu an dem modifizierten Schlüssel ist, dass die aktuelle Saison vierfach, die vorherige Saison dreifach, die Spielzeit davor zweifach und die vor drei Jahren einfach gewertet

---

[19] Vgl. o.V. 2006: Streit um TV-Gelder eskaliert (www.rp-online.de).

wird.[20] Die Gesamteinnahmen zwischen der Bundesliga und zweiten Bundesliga werden zudem nicht mehr im Verhältnis 80:20, sondern im Verhältnis 78,5:21,5 aufgeteilt.[21]

Es ist festzustellen, dass bereits unter der gegenwärtig praktizierten Zentralvermarktung eine wachsende Ungleichverteilung der TV-Erlöse existiert. So erzielte der Bundesligist FC Bayern München in der Spielsaison 2008/2009 ca. 28 Mio. Euro durch die In- und Auslandsvermarktung der Fernsehrechte.[22] Hinzu kamen rund 20 Mio. Euro an Fernseheinnahmen aus der Vermarktung der „Champions League".[23] Im Vergleich dazu erhielt der letztplatzierte Bundesligist 1899 Hoffenheim in der erwähnten Spielzeit lediglich 13,31 Mio. Euro aus dem Verkauf der Übertragungsrechte an den Spielen der Fußball-Bundesliga (Vgl. Anhang: Tabelle 2).

4.2 Ein potentielles Finanzausgleichsmodell unter einer dezentralen Vermarktung

Bei einer dezentralen Vermarktung muss ähnlich wie bei der praktizierten Zentralvermarktung ein Finanzausgleichssystem gefunden werden, das den Interessen der Beteiligten gerecht wird und den Fortbestand der Bundesliga sichert. Ohne einen Strukturausgleich würde die Finanzschere zwischen den finanzstarken und finanzschwachen Bundesliga-Mannschaften weiter auseinanderklaffen (Vgl. ELTER 2003: 71).

Um eine Erlösumverteilung zwischen den einzelnen Vereinen der Bundesliga durchzuführen, ist eine zentrale Vermarktung der TV-Rechte nicht zwingend notwendig. QUITZAU schlägt ein potentielles Finanzausgleichsmodell vor, welches die Vorteile der Zentralvermarktung (Erlösumverteilung) und die Prämissen einer Einzelvermarktung (höhere TV-Einnahmen für die erfolgreicheren Vereine) verbindet.[24] Im Folgenden wird

---

[20] Vgl. PFEIFFER/HOVEMANN 2006: 14.

[21] Vgl. PFEIFFER/SCHILLING 2008: TV-Rechte im Fußball – Ohne Zentralvermarktung können wir nicht leben (www.spiegel.de).

[22] Vgl. EHRHARDT/HOVEMANN 2009: 46.

[23] Vgl. o.V. 2009: Champions League beschert Bayern 45 Mio. Euro (www.focus.de).

[24] Vgl. QUITZAU 2008a: Ein Finanzausgleichsmodell für die Fußball-Bundesliga (www.fussball-oekonomie.de).

dieses Finanzausgleichssystem unter einer möglichen Einzelvermarktung der Bundesliga-TV-Rechte vorgestellt. Damit das erwähnte Modell von allen beteiligten Parteien akzeptiert wird, muss die Finanzkraftreihenfolge der einzelnen Profi-Mannschaften beibehalten werden. Dies kann durch einen linearen Ausgleichstarif gewährleistet werden, der Finanzkraft- und Ausgleichsmesszahlen beinhaltet. Die durch eine individuelle Vermarktung erzielten TV-Einnahmen bilden dabei die Finanzkraftmesszahl eines Vereins (FKMZ). Als Berechnungsgrundlage für die Ausgleichsmesszahl (AMZ) bietet sich das arithmetische Mittel der TV-Erlöse aller Erstligaclubs an. Durch die zugeordneten Finanzkraftmesszahlen kann eine Einteilung in unterdurchschnittlich und überdurchschnittlich finanzkräftige Clubs erfolgen. Formal ergeben sich die folgenden Annahmen:[25]

$$\text{FKMZ} = E_i \qquad (1)$$

und

$$\text{AMZ} = \sum E_i / i \qquad i = 1\text{-}18 \text{ (Anzahl der Ligateilnehmer)} \qquad (2)$$

mit E_i = Erlös des Vereins i aus der individuellen Fernsehvermarktung.

Der Finanzausgleichsbetrag bzw. Finanzierungsbeitrag (X) errechnet sich aus

$$X = (\text{AMZ-FKMZ}) \times \lambda \qquad (3)$$

mit $0 \leq \lambda \leq 1$. Dabei kann λ als Nivellierungsparameter[26] bezeichnet werden.

Das aufgezeigte Finanzausgleichssystem kann wie folgt beschrieben werden:[27] Die Erlösunterschiede zwischen den einzelnen Lizenzmannschaften werden weitgehend

---

[25] Vgl. QUITZAU 2008a: Ein Finanzausgleichsmodell für die Fußball-Bundesliga (www.fussball-oekonomie.de) und weiterführend QUITZAU 2003: 176-203.

[26] Nivellierung bedeutet in diesem Sinne, dass die Einnahmeunterschiede der Vereine aus den TV-Geldern möglichst klein gehalten werden. Der Nivellierungsparameter λ dient hierbei als Stellgröße für das Niveau der Finanzkraftangleichung (Vgl. QUITZAU 2008a: Ein Finanzausgleichsmodell für die Fußball-Bundesliga (www.fussball-oekonomie.de)).

[27] Vgl. ebenda.

reduziert, indem die vereinsindividuelle Erlösabweichung von dem durchschnittlichen Ligaerlös teilweise abgebaut wird. Finanzstarke Vereine zahlen einen Finanzierungsbeitrag, die finanzschwachen Vereine erhalten eine Ausgleichszahlungen. Mit dem Nivellierungsparameter λ lässt sich das Niveau der Finanzkraftangleichung bestimmen. Eine Umverteilung der TV-Erlöse würde z. B. überhaupt nicht stattfinden, wenn der Wert für λ = 0 wäre. Für den Wert λ = 1 würde hingegen jeder Bundesligist den gleichen Anteil aus den TV-Einnahmen erhalten. Bei der ersten Variante würde folglich gar kein Finanzausgleich existieren und der zweite Fall würde bedeuten, dass die TV-Einnahmen im Vergleich zur Zentralvermarktung noch egalitärer umverteilt werden. Für den Nivellierungsparameter λ muss daher ein Wert festgelegt bzw. ausgehandelt werden, der sich deutlich von den Werten 0 und 1 unterscheidet. Die Eignung des Finanzausgleichmodells lässt sich mit dem folgenden Zahlenbeispiel veranschaulichen:[28]

Anzahl der Ligateilnehmer:	3
TV-Einnahmen Verein A ($FKMZ_A$):	118 Mio. Euro
TV-Einnahmen Verein B ($FKMZ_B$):	67 Mio. Euro
TV-Einnahmen Verein C ($FKMZ_C$):	19 Mio. Euro
AMZ gemäß (2):	68 Mio. Euro
λ :	0,25
Finanzierungsbeitrag X_A:	-12,50 Mio. Euro
Finanzierungsbeitrag X_B:	+0,25 Mio. Euro
Finanzierungsbeitrag X_C:	+12,25 Mio. Euro
TV-Einnahmen Verein A nach Finanzausgleich:	105,50 Mio. Euro

---

[28] Vgl. ebenda (Zahlenbeispiel mit veränderten Werten).

TV-Einnahmen Verein B nach Finanzausgleich: 67,25 Mio. Euro

TV-Einnahmen Verein C nach Finanzausgleich: 31,25 Mio. Euro

Das aufgeführte Beispiel verdeutlicht, dass die Finanzkraftdifferenz zwischen dem finanzstärksten und dem finanzschwächsten Verein durch die Umverteilung kleiner geworden ist. Die finanzielle Kluft zwischen den einzelnen Bundesligamannschaften wird damit erwiesenermaßen verringert. Falls ein anderes Verteilungsergebnis gewünscht wird, so muss lediglich der λ-Wert modifiziert werden.[29] Fraglich ist jedoch, ob die finanzstarken Bundesligavereine einen ligainternen Finanzausgleich unter einer möglichen Einzelvermarktung der TV-Rechte freiwillig akzeptieren würden.

Exemplarisch hierfür ist die Einzelvermarktung der Europapokalheimspiele deutscher Mannschaften in der Bundesligasaison 1998/1999. Damals hatten sich die Bundesligisten darauf geeinigt, dass die international vertretenen Profictubs ein Drittel ihrer TV-Einnahmen freiwillig in einen Solidarfonds einzahlen. Die gesammelten Gelder wurden anschließend an alle Bundesliga-Vereine verteilt, um das Auseinanderklaffen der Finanzschere zwischen den Profi-Clubs einzuschränken. In der darauffolgenden Saison wurde bereits deutlich, dass der Umfang des Solidarfonds stark zurückgegangen war.

---

[29] Vgl. ebenda.

Schließlich wurden zu Beginn der Spielzeit 2000/2001 die Solidarzahlungen seitens der international spielenden Vereine eingestellt (Vgl. PRINZ/VOGEL 2001: 239f.).

ELTER kommt zur Erkenntnis, dass ein Ausgleichsmodell unter einer dezentralen Vermarktung ohne satzungsgemäße Verpflichtung zur Solidarität nur schwer durchsetzbar wäre (Vgl. 2003: 71). QUITZAU hält es für angemessen, die Partizipation der Vereine am Finanzausgleich zur Vorbedingung für die Teilnahme am Spielbetrieb zu machen.[30] Das Beispielmodell für einen Finanzausgleich unter einer dezentralen Vermarktung hat gezeigt, dass eine Zentralvermarktung nicht notwendig ist, um eine gleichmäßige Erlösumverteilung zu garantieren. Folglich entfällt ein wesentliches Argument der Zentralvermarktung, da die Erlöse bei einer Einzelvermarktung mindestens genauso gut umverteilt werden können, wie es derzeit bei der Zentralvermarktung der Bundesliga-TV-Rechte der Fall ist (Vgl. 2003: 177).

---

[30] Vgl. Anhang: A - Interview Dr. Jörn Quitzau, Frage 3.

5 Die Relevanz von Transaktionskosten in den Modellen der Zentral- und Einzelvermarktung

Das folgende Kapitel betrachtet die alternativen Vermarktungsmodelle aus einer transaktionsökonomischen Perspektive. Es soll detailliert herausgearbeitet werden, welchen Einfluss die Transaktionskosten bei der Bewertung der beiden Vermarktungssysteme haben. Hierzu werden zunächst die Markttransaktionsphasen mit den zugehörigen Transaktionskosten definiert. Anschließend werden die Modelle der Zentral- und Einzelvermarktung ausschließlich unter transaktionsökonomischen Gesichtspunkten analysiert und bewertet.

5.1 Transaktionskosten im Phasenmodell

Eine Markttransaktion besteht grundsätzlich aus den Phasen der Vertragsanbahnung, des Vertragsabschlusses und der Vertragsdurchsetzung (Vgl. MARTIENSEN 2000: 286). Entsprechend dieser Phasen kann in Such- und Informationskosten, Verhandlungs- und Entscheidungskosten sowie Durchsetzungs- und Überwachungskosten differenziert werden (Vgl. DAHLMANN 1979: 144ff.). In der folgenden Abbildung sind die einzelnen Markttransaktionsphasen mit den zugehörigen Kosten dargestellt.

Abbildung 3: Markttransaktionsphasen und zugehörige Kosten

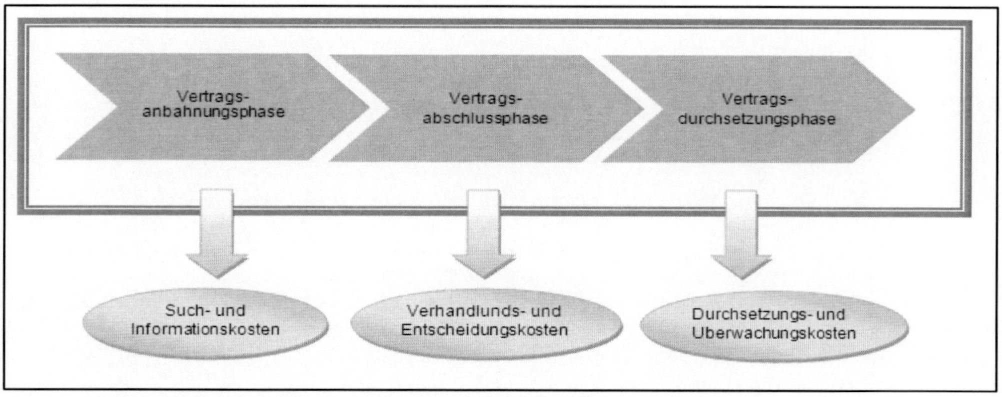

Quelle: In Anlehnung an GRUNDMANN/HARDENACKE/RÜßMANN 2004: 327.

In der Vertragsanbahnungsphase entstehen ex ante Such- und Informationskosten. Suchkosten beziehen sich dabei auf die Aufwendungen, die verursacht werden, um potentielle Vertragspartner zu finden. Informationskosten entstehen unter anderem durch die Überprüfung und den Vergleich möglicher Vertragspartner, verschiedener Preise sowie unterschiedlicher Qualitäten einer Leistung (RICHTER/FURUBOTN 1999: 51). Die Höhe dieser Kosten richtet sich nach der Häufigkeit der Transaktion und der Anzahl potentieller Transaktionsteilnehmer (Vgl. SELCHERT/GREINERT 2002: 16). Verhandlung- und Entscheidungskosten werden im Rahmen der Aushandlung von Vertragsbestimmungen in der Abschlussphase verursacht. Das Ausmaß dieser Transaktionskosten wird im Wesentlichen durch Bedingungen wie dem Vertragsumfang, den gesellschaftlichen und rechtlichen Rahmenbedingungen und dem Ausmaß der zur Verfügung stehenden Informationen bestimmt (Vgl. BÜHLER/JÄGER 2002: 39ff.). In der Vertragsdurchsetzungsphase entstehen nachvertragliche Durchsetzungs- und Überwachungskosten. Diese sind erforderlich, um die vereinbarte Leistung zu erfüllen bzw. zu kontrollieren (Vgl. GÖBEL 2002: 113).

5.1.1 Phasenspezifische Transaktionskosten im Modell der Zentralvermarktung

Bei der Zentralvermarktung werden die TV-Rechte an den Spielen der Fußball-Bundesliga nicht einzeln, sondern gebündelt als Paket mit einem entsprechend hohen Preis an einen Fernsehsender bzw. einen Rechtevermarkter veräußert. Diese Tatsache trägt zur Medienkonzentration bei, da der Rechtekauf nur für finanzstarke TV-Sender in Frage kommt (Vgl. ELTER 2003: 64). Folglich ist es für die jeweiligen Fernsehsender mit einem geringen Finanzierungspotential aus Kostenaspekten schwierig, die exklusiven Bundesliga-TV-Rechte für einen längeren Vertragszeitraum als Gesamtpaket zu erwerben. Dem Angebotsmonopolisten stehen daher in der Vertragsanbahnungsphase nur wenige finanzstarke TV-Sender bzw. Rechteagenturen gegenüber. Infolgedessen reduzieren sich die Such- und Informationskosten erheblich, da nur eine geringe Anzahl an Marktteilnehmern vorhanden ist (GRUNDMANN/HARDENACKE/RÜßMANN 2004: 329). Von diesen eingesparten Transaktionsosten würden letztendlich alle Vertragsparteien profitieren (Vgl. COENEN 2004: 140).

In der darauffolgenden Vertragsabschlussphase erwerben die Vermarktungsagenturen bzw. die Fernsehsender die Fernsehrechte als „Komplettpaket Meisterschaft". Dieses Paket inkludiert das gesamte Meisterschaftsrennen, den Abstiegskampf und alle anderen brisanten Begegnungen (Vgl. GRUNDMANN/HARDENACKE/RÜßMANN 2004: 329). Der Vorteil der Zentralvermarktung besteht unter diesem Gesichtspunkt darin, dass das Risiko eines „schlechten" Spiels durch die Chancen eines „guten" Spiels aufgehoben wird. Sie verhindert folglich, dass die Fernsehsender keine Risikoprämien für potentiell unattraktive Spiele einbehalten.

Durchführungskosten entstehen seitens der DFL als Ligaorganisator bei der Umverteilung der Fernseherlöse an die Fußball-Bundesligisten (Vgl. PICOT/DIETL/FRANCK 2008: 224f.). Kontroll- und Überwachungskosten sind bei der Zentralvermarktung der Bundesliga-Fernsehrechte kaum vorhanden, da die TV-Gelder von den Medienunternehmen nicht direkt an die einzelnen Vereine transferiert werden (GRUNDMANN/HARDENACKE/RÜßMANN 2004: 329).

5.1.1.1 Exkurs: Geheimverträge und verdeckte Transaktionskosten

Im Februar des Jahres 2003 berichteten die Medien ausführlich über einen „Geheimvertrag", der zwischen dem Bundesligisten FC Bayern München und der Kirch-Gruppe abgeschlossen wurde. Der Bundesligaclub war jahrelang gegen eine zentrale Vermarktung der TV-Rechte. Die Vereinsführung erwartete durch eine Einzelvermarktung höhere Fernseheinnahmen als bei einer Zentralvermarktung durch die DFL zu erzielen. Der anschließende Sinneswandel des FC Bayern München war daher umso unverständlicher. Die Ursache für die plötzliche Befürwortung der Zentralvermarktung war ein geheimer Vermarktungsvertrag, der dem Verein die Differenz zwischen den Erlösen aus der zentralen Vermarktung durch die DFL und den potentiellen Einnahmen bei einer individuellen Vermarktung ersetzen sollte. Als Gegenleistung sollte sich die Vereinsführung für den Fortbestand der Zentralvermarktung einsetzen und die Rechtevergabe an die Kirch-Gruppe unterstützen. Tatsächlich erhielt der FC Bayern München im Rahmen des „Geheimvertrages" für die Spielzeiten 2000/2001 und 2001/2002 Zahlungen über eine Summe von ca. 21 Mio. Euro. Die Transaktionen wurden letztendlich infolge der Kirch-Insolvenz eingestellt.[31] „Geheimverträge" könnten auch bei einer Einzelvermarktung mit nachgeschaltetem Finanzausgleich grundsätzlich nicht ausgeschlossen werden. Ein Bundesligist könnte z. B. einen regulären Vertrag mit der DFL abschließen, der als Grundlage für die Berechnung der Ausgleichszahlungen gilt und einen „geheimen Vertrag" über eine Restsumme, die der DFL verheimlicht wird. Hierdurch ließe sich ein Teil der Finanzausgleichsbeträge einsparen, da die Summe der Berechnungsgrundlage folglich deutlich niedriger ausfallen würde (Vgl. KRUSE/QUITZAU 2003: 13f.).

Das Beispiel des „Geheimvertrages" zwischen dem Bundesligisten FC Bayern München und der Kirch-Gruppe hat gezeigt, dass nicht alle Transaktionen und die mit ihnen verbundenen Kosten offensichtlich sind (Vgl. GRUNDMANN/HARDENACKE/RÜßMANN 2004: 329).

5.1.2 Phasenspezifische Transaktionskosten im Modell Einzelvermarktung

Bei einer dezentralen Vermarktung bzw. Einzelvermarktung der Bundesliga-TV-Rechte könnte mit kürzeren Medienvertragslaufzeiten gerechnet werden, weil sich die Rechteagenturen eng an den sportlichen Erfolg der Bundesliga-Clubs orientieren würden. Um das Risiko einer finanziellen Unsicherheit zu vermeiden, kann daher vermutet werden, dass die Vermarktungsagenturen die Laufzeiten der Medienverträge auf eine Spielsaison oder Halbserie verkürzen.[32] Infolgedessen müsste am Ende einer jeden Spielsaison ein neuer TV-Vertrag zwischen der Rechteagentur bzw. dem Fernsehsender und dem jeweiligen Bundesligaverein ausgehandelt werden.[33] Dies würde häufigere Transaktionskosten und vor allem höhere Informationskosten verursachen, da die aktuelle Situation einer Mannschaft vor jedem Vertragsabschluss von der jeweiligen Vermark-

---

[31] Vgl. SCHMITT 2003: FC Bayern/Kirch – „Exklusive Zusammenarbeit" (www.manager-magazin.de).

[32] Vertragslaufzeiten von über einem Jahr wären bei einer dezentralen Vermarktung sehr unwahrscheinlich, da nach Ablauf der Spielsaison aufgrund der Auf- und Abstiegsregelungen nicht mit der weiteren Bundesligazugehörigkeit einzelner Clubs ausgegangen werden kann (Vgl. SCHEWE/GAEDE 2005: 151).

[33] Im Extremfall müssten bei einer dezentralen Vermarktung 2 x 306 Einzelverträge ausgehandelt und 306 Einzelspiele bewertet werden (Vgl. PICOT/DIETL/FRANCK 2008: 223).

tungsagentur bzw. dem Fernsehsender neu analysiert und bewertet werden müsste.[34] Anzumerken ist an dieser Stelle, dass eine höhere Anzahl erfolgreicher Vertragsabschlüsse das gegenseitige Vertrauen der Vertragspartner in der Anbahnungsphase erhöhen würde. Die Folgen wären ein geringeres Ausbeutungsrisiko und geringere Transaktionskosten, die zum Schutz dieser Ausbeutung anfallen würden (Vgl. GRUNDMANN /HARDENACKE/RÜßMANN 2004: 329). Ferner könnte der jeweilige Fußballverein bei einer Einzelvermarktung auch regionale Medienunternehmen als Vertragspartner gewinnen, um die Erlöse über alle Geschäftsfelder auszuschöpfen (Vgl. SCHÖN 2002: 7).[35] Die finanzschwächeren Sendeanstalten hätten infolgedessen die Möglichkeit, einzelne Vereinsrechte oder Spiele zu erwerben. Dies würde die Anzahl der Marktteilnehmer und folglich auch die Such- und Informationskosten erheblich erhöhen. Aus Sicht der Vermarktungsagenturen bzw. der Fernsehsender wäre es zudem sinnvoll, von den Bundesliga-Vereinen eine Risikoprämie zu verlangen, da die Rechteagenturen, wie bereits erwähnt, von der sportlichen Leistungsqualität der Mannschaften abhängig wären (Vgl. GRUNDMANN/HARDENACKE/RÜßMANN 2004: 329). Zudem kann ein Fernsehsender bei einer dezentralen Vermarktung Leistungsklauseln in die Medienverträge einbauen, die die Höhe der Zahlungen an den jeweiligen Fußballverein von dessen Erreichen bestimmter Zielvorgaben abhängig machen. Dies würde das ohnehin vom sportlichen Erfolg abhängige wirtschaftliche Risiko des Vereins weiter ansteigen lassen (Vgl. SCHEWE/GAEDE 2005: 151). Die Fußball-Mannschaften hätten folglich eine geringere finanzielle Planungssicherheit, da die Höhe der künftigen Einnahmen unsicher wäre. Es würden zusätzliche Transaktionskosten entstehen, da die Medienverträge aufgrund der zahlreichen Konditionen zwischen den Vertragsparteien intensiv ausgehandelt werden müssten.

In der Durchsetzungsphase würden des Weiteren Koordinationskosten anfallen, da die Inhaber der Erstverwertungsrechte die zeitliche Ansetzung der Spiele durchplanen und untereinander abstimmen müssten. Die Inhaber der Zweitverwertungsrechte hingegen

---

[34] Das Problem der vorvertraglichen Unsicherheit kann als Messproblem der Vertragspartner bezeichnet werden. Ex ante ist unklar, zu welchem Preis die TV-Rechte veräußert werden sollen, da sich die Qualität und somit der Preis eines Spiels nicht im Voraus bestimmen lässt (Vgl. PICOT/DIETL/FRANCK 2008: 223).

[35] Vgl. Anhang: A - Interview Dr. Jörn. Quitzau, Frage 7.

würden mit dem Problem konfrontiert werden, dass eine zusammenfassende Darstellung gemeinsam koordiniert werden müsste. Es ist daher zu erwarten, dass die Organisation einer zusammenfassenden Darstellung aufgrund der divergierenden Interessen unterschiedlicher Vereine und Agenturen scheitern könnte.[36] Da die zeitliche Abstimmung der Spielbegegnungen aufgrund des Spannungserhalts und des Wettkampfcharakters unverzichtbar ist, müsste sie durch eine übergeordnete Ligainstanz organisiert werden. In der anschließenden Kontrollphase müsste ferner von den beteiligten Vertragsparteien überprüft werden, ob die in dem Medienvertrag getroffenen Vereinbarungen eingehalten werden. Die Kontrollaufgaben könnten zudem nicht wie bei der zentralen Vermarktung von einem Ligaorganisator übernommen werden (Vgl. GRUNDMANN/HARDENACKE/RÜßMANN 2004: 331).

5.2 Gegenüberstellung der alternativen Vermarktungsformen unter einer transaktionsökonomischen Perspektive

Die Untersuchung der phasenspezifischen Transaktionskosten der alternativen Vermarktungsformen – Zentral- und Einzelvermarktung – aus den Kapiteln 5.1.1 und 5.1.2 hat gezeigt, dass die Zentralvermarktung der Fernsehübertragungsrechte unter transaktionsökonomischen Gesichtspunkten effizienter ist. In allen drei Phasen des Transaktionsprozesses fallen bei der Zentralvermarktung im Vergleich zur Einzelvermarktung der Bundesliga-TV-Rechte wesentlich geringere Transaktionskosten an. Die einheitliche Koordination und Organisation der Bundesliga durch die DFL als monopolistische Instanz ist folglich geeignet, um Transaktionskosten einzusparen.[37]

---

[36] Während bei einer Zentralvermarktung das Produkt „Fußball" als Gesamtpaket im Fernsehen präsentiert werden kann, wird befürchtet, dass das Programmangebot unter einer dezentralen Vermarktung durch die jeweiligen Vereine zu unübersichtlich werden würde. So wäre es bei einer Einzelvermarktung prinzipiell möglich, dass an einem Samstag um 15:30 Uhr ein Spiel live bei RTL, eines bei der ARD, eines im ZDF, eines beim WDR und zwei bei dem Pay-TV-Sender Sky ausgestrahlt werden. Ob die Spiele in der darauffolgende Woche auf dem gleichen Sendeplatz ausgestrahlt werden, könnte nicht garantiert werden, da die DFL keinen Einfluss auf die Rechtevergabe hätte (Vgl. QUITZAU 2008b: Zentralvermarktung – Pro und Contra (www.fussball-oekonomie.de)).

[37] Auch ENDERLE kommt zum Ergebnis, dass es aus transaktionsaktionsökonomischer Perspektive gesehen vorteilhafter ist, eine Ligainstitution zu gründen, die die organisatorischen Aufgaben der Liga

Die Zentralvermark-tung ist somit unter transaktionskostenökonomischer Perspektive eindeutig vorteilhafter als die Einzelvermarktung der Senderechte (Vgl. GRUNDMANN/HARDENACKE/RÜßMANN 2004: 329). Die folgende Tabelle zeigt die zusammenfassende Gegenüberstellung der Zentral- und Direktvermarktung unter transaktionsökonomischen Gesichtspunkten.

Tabelle 2: Ausprägung und Auswirkung transaktionsbegründender Faktoren bei der Zentral- und Direktvermarktung

	Transaktionskosten begründende Faktoren	Zentralvermarktung	Direktvermarktung
Such- und Infokosten	Häufigkeit der Transaktionserfordernis	Im Abstand mehrerer Jahre	Nach jeder Spielzeit/Halbserie
	Anzahl der pot. Transaktionspartner	Agenturen + Ligaorganisator	Agenturen + diverse Vereine
Verhandlungs- und Abschlusskosten	Erfordernis zur Unsicherheitsreduktion	Qualitätsgarantie durch Meisterschaftspaket => keine Risikoprämie	Leistungsunsicherheit bei hoher Spezifität => Risikoprämie
	Anzahl der Transaktionen	eine (Exklusivvermarktung)	Mindestens 36
Durchführungs- und Überwachungskosten	Koordinationserfordernis bezüglich Erstverwertung	Einheitliche Koordination => keine zusätzlichen Koordinationskosten	Zeitliche Abstimmung der Spielansetzungen => zusätzliche Koordinationskosten
	Koordinationserfordernis bezüglich Zweitverwertung	Einheitliche Koordination => keine zusätzlichen Koordinationskosten	Organisation einer zusammenfassenden Darstellung => Koordinationskosten
	Institutionalisierung von Kontrollorganen	Ligaorganisator übernimmt Kontrollaufgaben	Keine offiziell institutionalisierten Kontrollorgane

Quelle: In Anlehnung an GRUNDMANN/HARDENACKE/RÜßMANN 2004: 332.

---

zentral bewältigt. Den Spielbetrieb der Mitglieder einer Liga zentral durch einen Ligaorganisator zu koordinieren, ist seiner Meinung nach eine effizienzsteigernde Handlung (Vgl. 2000: 13).

6 Die ökonomischen und sportlichen Konsequenzen

Im dem folgenden Kapitel werden die wirtschaftlichen und sportlichen Konsequenzen der gegenwärtig praktizierten Zentralvermarktung sowie einer potentiellen dezentralen Vermarktung der Bundesliga-TV-Rechte untersucht. Es soll insbesondere analysiert werden, wie sich die alternativen Vermarktungsformen auf die Einnahmen und den sportlichen Erfolg der Bundesligisten auswirken (Vgl. MATYSIAK 2003: 34ff.).

6.1 Einnahmen

Die Einnahmen der Bundesligaclubs stellen das zentrale Element bei der Diskussion um die alternativen Vermarktungsmodelle hinsichtlich der TV-Übertragungsrechte dar (Vgl. SCHEWE/GAEDE 2005: 150). Die Haupteinnahmen der Fußball-Vereine stammen aus dem Bereich der „medialen Verwertung", der Werbung (Sponsoring) und dem Ticketing (Zuschauereinnahmen).[38] Die Vermarktung der Bundesliga-TV-Rechte bildet hier den größten Umsatzfaktor. In der Spielsaison 2008/2009 betrug der Anteil der Erlöse aus dem Verkauf der Fernsehrechte rund ein Drittel an den Gesamteinnahmen aller Erstliga-Vereine (Vgl. Anhang: Abbildung 2).

6.1.1 Der Einnahmeaspekt

Die derzeit praktizierte Zentralvermarktung der Fernsehrechte an den Spielen der Fußball-Bundesliga ermöglicht der DFL eine Monopolstellung. Die Übertragungsrechte der Bundesligaspiele werden nicht einzeln, sondern in Form von gebündelten Rechtepaketen für mindestens eine Spielsaison angeboten. Der Käufer der Übertragungsrechte erhält beim Erwerb nicht nur das vereinbarte Leistungsbündel, sondern zudem ein Exklusivrecht, welches ihm den alleinigen Kauf sichert. Aufgrund seiner Markstellung tritt der Rechteverwerter als alleiniger Anbieter auf und kann daher die Preise und Mengen entsprechend seiner Markstellung bestimmen. Er kann durch ein differenziertes TV-Angebot sowie durch eine Verknappung der letztlich ausgestrahlten Übertragungen die Attraktivität der Begegnungen für den Fernsehzuschauer steigern und hierdurch das Volumen des Refinanzierungspotentials erhöhen. Der Rechteverwerter ist folglich in der

---

[38] Vgl. Anhang: B - Interview Andreas Kuhnt, Frage 7.

Lage, der DFL einen hohen Paketpreis für die Senderechte zu zahlen (Vgl. SCHEWE/GAEDE 2005: 152f.).

Bei einer Einzelvermarktung würden die Vereine grundsätzlich miteinander im Wettbewerb stehen. Das Prinzip der „künstlichen Verknappung" seitens der DFL würde beendet und die Preise für die TV-Übertragungsrechte würden wahrscheinlich insgesamt sinken.[39] Demzufolge wäre mit einer „Übersättigung" des Marktes für Bundesliga-TV-Rechte und einem verringerten Refinanzierungspotential zu rechnen. Es lässt sich festhalten, dass eine dezentrale Vermarktung und die damit nicht gesicherte Verknappung des Produktes Fußballübertragungen im Fernsehen dazu führen würde, dass sich im Vergleich zu einer Zentralvermarktung der Fernseh-Senderechte ein wesentlich geringerer Gesamtpreis erzielen ließe (Vgl. SCHEWE/GAEDE 2005: 152f.).[40]

6.1.2 Konzentration der Medieneinnahmen

Jeder Fußball-Bundesligist hat bei einer dezentralen Vermarktung im Laufe einer Spielsaison jede Spitzenmannschaft wie den FC Bayern München oder den SV Werder Bremen einmal zu Gast und könnte folglich die TV-Rechte an dem jeweiligen Heimspiel selbst vermarkten. Der positive Effekt, den die Spitzenclubs damit auslösen würden, könnte den „kleinen" Vereinen finanziell zugutekommen, da sie bei einer Begegnung mit einem erfolgreichen Bundesliga-Club von dessen Popularität profitieren könnten. Die Annahme, dass die Fernsehzuschauer an den qualitativ hochwertigsten Fußballspielen interessiert sind, betrifft nicht die Gesamtheit der Fußballkonsumenten, da ein Großteil des Fußballinteresses in Deutschland stark vereinsbezogen ist. Aus diesem Grund sind zahlreiche Fans besonders an den Spielen ihres Lieblingsvereines und nicht an den technisch sowie taktisch hochwertigsten Begegnungen interessiert.[41] Darüber hinaus kann die Entscheidung des Konsumenten für ein weniger attraktives

---

[39] Vgl. QUITZAU 2008b: Zentralvermarktung: Pro & Contra (www.fußball-oekonomie.de).

[40] Auch die Empirie liefert Anhaltspunkte für die erwähnte Schlussfolgerung. Die deutschen Bundesligavereine erzielten in der Spielsaison 1998/1999 im UEFA-Cup durch die Selbstvermarktung der TV-Übertragungsrechte an ihren Heimspielen insgesamt etwa 10,2 Mio. Euro. Der DFB hat hingegen mit der praktizierten Zentralvermarktung von der Spielzeit 1992/1993 bis 1997/1998 pauschal jährlich 30,7 Mio. Euro eingenommen (Vgl. FRANCK/MÜLLER 2000: 17).

[41] Vgl. Anhang: A - Interview Dr. Jörn Quitzau, Frage 7.

Spiel durch diverse Faktoren wie z. B. dem Fanpotential der beteiligten Vereine, der regionalen oder sportlichen Brisanz eines Spiels oder durch eine ungleiche Begegnung mit der Aussicht auf viele Tore beeinflusst werden (Vgl. KRUSE/QUITZAU 2002: 10).

Es lässt sich festhalten, dass sich bei einer individuellen Vermarktung der Fernsehrechte durch die einzelnen Vereine, die Nachfrage stärker auf die Gesamtheit der im Fernsehen übertragenen Begegnungen eines Spieltages verteilen würde. Bei einer dezentralen Vermarktung in der deutschen Fußball-Bundesliga kann folglich nicht zwangsläufig erwartet werden, dass sich die TV-Einnahmen nur auf wenige Clubs konzentrieren würden (Vgl. MATYSIAK 2003: 36).

6.2   Die sportliche Ausgeglichenheit der Liga

> *„[...] an "unbalanced" league will not maximise the number of its spectators /viewers"* (ARNAULT 2006: 47).

Die Attraktivität eines Fußballspiels wird im Wesentlichen von der Unvorhersehbarkeit des Spielausgangs beeinflusst. Bei einer Begegnung zwischen zwei in etwa gleich starken Mannschaften ist der Ausgang des Spiels weniger vorhersehbar als bei einer Partie mit zwei Vereinen unterschiedlicher Spielstärke. Diese wird wiederum erheblich durch die Leistungsfähigkeit der eingesetzten Akteure bestimmt. Für die finanzstarken Vereine besteht prinzipiell die Möglichkeit, leistungsstarke Spieler von den anderen Fußball-Bundesligisten abzuwerben, da die Akteure angesichts der Rechtslage nicht auf Dauer an einen Bundesligaclub gebunden sind und recht kurzfristig den Verein wechseln können. Insofern ist eine sportliche Ausgeglichenheit innerhalb der Fußball-Bundesliga nur zu erreichen, wenn die Profclubs auf einen einheitlichen finanziellen Stand gestellt werden, indem die Erlöse aus den TV-Einnahmen gleichmäßig unter den Bundesligisten aufgeteilt werden. Hinsichtlich der Vermarktung der Fernsehrechte würde dies bedeuten, dass eine Zentralvermarktung mit einer egalitären Erlösumverteilung, wie sie bis zur Saison 2000/2001 praktiziert wurde, ein optimales Vermarktungsmodell darstellen würde, um spannungsreiche Spiele zu ermöglichen (Vgl.

SCHEWE/GAEDE 2005: 156ff.). Die nachfolgenden Gründe sollen jedoch zeigen, dass die vorhergehenden Argumentationen in der Praxis nicht zutreffend sind.

Wenn ein finanzstarker Verein z. B. sein Spielerpotential durch die Verpflichtung von neuen Topspielern erhöht, führt dies nicht automatisch zu dem Ergebnis, dass der Fußball-Club erfolgreicher spielt. Erfahrungen aus der Vergangenheit haben gezeigt, dass zugekaufte Starspieler in ihrem neuen Verein längst nicht so gut spielen wie in ihrer alten Mannschaft. Neben dem Qualitätspotential des einzelnen Spielers, ist die Tagesform, die aktuelle Motivation, das Glück sowie das mannschaftliche Zusammenwirken als Team entscheidend (Vgl. KRUSE/QUITZAU 2002: 11f.). Die „kleineren" Vereine sind häufig bei den Begegnungen mit den Spitzenmannschaften besonders motiviert und können beachtliche Erfolge erzielen. So gelang es dem 1. FSV Mainz 05 in der Spielsaison 2009/2010 als Außenseiter den klaren Favoriten FC Bayern München zu besiegen, obwohl der Spitzenclub mit zahlreichen Starspielern besetzt war.[42] Die Vergangenheit hat zudem gezeigt, dass die finanzschwachen Bundesligavereine durchaus in der Lage sind, höhere Tabellenpostionen zu erreichen. In der Spielzeit 2006/2007 gelang es dem 1. FC Nürnberg als einer der finanziell schlechter gestellten Vereine, im Meisterschaftsrennen den sechsten Tabellenplatz zu erreichen.[43]

In einer aktuellen Studie der Wirtschaftsprüfungsgesellschaft Ernst & Young nahmen Bundesligamanger zu Fragen um das Thema Zentralvermarktung der Medieneinnahmen Stellung (Vgl. Anhang: Abbildung 3). Die im Rahmen der Studie befragten Manager waren sich weitgehend darin einig, dass die Einnahmen aus der Zentralvermarktung der TV-Rechte geteilt werden sollten, um die Ausgeglichenheit und damit auch die Attraktivität der Fußball-Bundesliga zu erhalten.[44] Eine eventuelle Schlussfolgerung, dass eine sportliche Ausgeglichenheit der Bundesliga (Competitive Balance) nur mit einer zentralen Vermarktungsform möglich wäre, ist jedoch zu kurz gedacht, da man die TV-Einnahmen auch dezentral vermarkten und anschließend mit einem bestimmten Schlüssel umverteilen kann (Vgl. Kapitel 4.2). Anhand der erläuterten Tatsachen ist festzustellen, dass eine finanzielle Ungleichverteilung der TV-Einnahmen in Folge einer dezen-

---

[42] Vgl. o.V.: Spielplan Bundesligasaison 2009/2010 (www.weltfussball.de).
[43] Vgl. o.V.: 34. Spieltag der Bundesligasaison 2006/2007 (www.weltfussball.de).
[44] Vgl. EHRHARDT/HOVEMANN 2009: 48.

tralen Vermarktung nicht zwangsläufig dazu führen würde, dass die sportliche Attraktivität der Fußball-Bundesliga vermindert wird.

7 Fazit und Ausblick

Die Zentralvermarktung der Bundesliga-TV-Rechte stellt ökonomisch gesehen eine massive Wettbewerbsbeschränkung dar und ist kaum zu rechtfertigen. Die mit ihr verbundenen kartellrechtlichen Problematiken, wie zu Beginn der Arbeit erläutert, werden für die Liga und damit für die Proficlubs in Zukunft eine zunehmende Belastung darstellen. Wenn sich der Abstimmungsbedarf zwischen der DFL und dem Bundeskartellamt erhöht, dann vermindert sich zwangsläufig auch die Planungssicherheit der Vereine (Vgl. VÖPEL/QUITZAU 2009: 33). Ferner wird die praktizierte Vermarktungsform oft damit begründet, dass nur durch eine zentrale Vermarktung und einer anschließenden Umverteilung der TV-Gelder eine sportliche Ausgeglichenheit der Liga gewährleistet werden kann. Es ist aber im Einzelnen dargelegt worden, dass eine Erlösumverteilung der Fernsehrechte auch unter einer dezentralen Vermarktung prinzipiell möglich ist. Des Weiteren hat sich herausgestellt, dass die Zentralvermarktung der Bundeliga-Fernsehrechte unter transaktionsökonomischen Gesichtspunkten die effizientere Vermarktungsform darstellt. Allerdings kann davon ausgegangen werden, dass die Bedeutung der Transaktionskosten in Relation zum Transaktionsvolumen vernachlässigbar gering ist (Vgl. GRUNDMANN/HARDE-NACKE/RÜßMANN 2004: 343). Selbst wenn die Transaktionskosten quantitativ relevant wären, so könnte man die komplizierten Sachverhalte – bei einer möglichen dezentralen Vermarktung – in einem Rahmen- oder Mustervertrag aufnehmen. Die Vertragsparteien hätten folglich nur noch über wenige Parameter zu entscheiden, insbesondere über die Art der Fernsehverwertung (z. B. Pay- oder Free-TV) und über den Preis. Die Vertragspartner und der zu zahlende Rechtepreis könnten im einfachsten Fall durch eine Auktion bestimmt werden (Vgl. KRUSE/QUITZAU 2002: 15). Abschließend lässt sich sagen, dass die Begründung für eine Zentralvermarktung der TV-Rechte an den Spielen der Fußball-Bundesliga bei weitem nicht ausreicht, um die durch sie erzeugte Monopolisierung zu rechtfertigen (Vgl. KRUSE/QUITZAU 2002: 17). Eine partielle Einführung der dezentralen Vermarktung in der Bundesliga wäre ein erster Schritt in die richtige Richtung. Man sollte den Vereinen die Möglichkeit bieten, z. B. ihre Internet-Senderechte (IPTV-Rechte) in Eigenregie zu vermarkten.[45] Es wäre auch erdenklich, dass die Auslandsvermarktung der TV-Rechte an die Vereine übergeht (Vgl. ULMANN 2008: 14).

---

[45] Vgl. Anhang: A - Interview Dr. Jörn Quitzau, Frage 10.

8 Literaturverzeichnis

Amsinck, Michael 1997: Der Sportrechtemarkt in Deutschland. In: Media Perspektiven, Heft 2, 1997, S. 62-72.

Arnault, José 2006: Independent European Sport Review 2006. Online: http://www.independentfootballreview.com/doc/Full_Report_EN.pdf, Stand: 01.08.2010.

Berger, Viktor J. F. 2008: Der Deutsche Fernsehmarkt. 1. Auflage, Paderborn.

Brast, Christoph / Stübinger Tim 2005: Verbandsrechtliche Grundlagen des Sportmanagements in der Fußball-Bundesliga. In: Schewe, Gerhard / Littkemann, Jörn (Hrsg.): Sportmanagement – Der Profi-Fußball aus sportökonomischer Sicht. 2. Auflage, Berlin, 2005, S. 23-52.

Bühler, Stefan / Jäger, Franz 2002: Einführung in die Industrieökonomik. Berlin / Heidelberg / New York.

Coenen, Michael 2004: Der Handel mit Sportübertragungsrechten. In: Schauert, Thorsten / Schwier, Jürgen (Hrsg.): Die Ökonomie des Sports in den Medien. Köln, 2004, S. 127-151.

Dahlmann, Carl J. 1979: The Problem of Externality. In: Journal of Law and Economics, Volume 22, Nr. 1, pp. 141-162.

Deutsche Fußball Liga 2006: Bundesligareport 2006. Online: http://www.bundesliga.de/media/native/dfl/bundesliga_report_2006.pdf, Stand: 10.07.2010.

Deutsche Fußball Liga 2010a: Wirtschaftsfaktor Bundesliga: Die volkswirtschaftliche Bedeutung des professionellen Fußballs in Deutschland – Zusammenfassung einer Studie von McKinsey & Company, Inc. Online: http://static.bundesliga.de/media/native/dfl/dfl_bl_studie_mckinsey_gesamt_final.pdf, Stand: 10.07.2010.

Deutsche Fußball Liga 2010b: Bundesliga 2010 – Die wirtschaftliche Situation im Lizenzfußball. Online: http://static.bundesliga.de/media/native/dfl/100122_dt_dfl_bl_2010.pdf, Stand: 12.07.2010.

Ehrhardt, Christoph / Hovemann, Arndt 2009: Bälle Tore und Finanzen VI. Essen. Online: http://www.sponsors.de/uploads/tx_svsstudiengaenge/Fu_ballstudie_VI_2009.pdf, Stand: 14.06.2010.

Elter, Vera-Carina 2003: Verwertung medialer Rechte der Fußballunternehmen – Vermarktung und Refinanzierung im Sport. Berlin.

Enderle, Gregor 2000: Vermarktung von Fernsehübertragungsrechten im professionellen Ligasport – Sportökonomische und wettbewerbsstrategische Aspekte. Schriften zur Rundfunkökonomie, Band 7, Berlin.

Enderle, Gregor 2005: Die Vermarktung der Senderechte professioneller Sportligen. Strategische und wettbewerbspolitische Implikationen aus Sicht der Fernsehsender. In: Büch, Martin-Peter / Schellhaaß, Horst M. (Hrsg.): Ökonomik von Sportligen. Texte – Quellen – Dokumente zur Sportwissenschaft. Band. 33, Schorndorf, 2005, S. 199-217.

Frank, Egon / Müller, J. Christian 2000: Zur Fernsehvermarktung von Sportligen: Ökonomische Überlegungen am Beispiel der Fußball-Bundesliga. Freiberger Arbeitspapiere, Band 21, Freiberg.

Göbel, Elisabeth 2002: Neue Institutionenökonomik – Konzeption und betriebswirtschaftliche Anwendungen. Stuttgart.

Grundmann, Frank / Hardenacke, Jens / Rüßmann, Stefanie 2004: Zentralvermarktung versus Direktvermarktung in der Fußball-Bundesliga – eine Transaktionskostenökonomische Analyse. In: Bieling, Marc / Eschweiler Maurice / Hardenacke, Jens (Hrsg.): Business-to-Business Marketing im Profifußball. 1. Auflage, Wiesbaden, 2004; S. 323-349.

Hackforth, Josef / Schaffrath, Michael 2008: Die Zukunft der Sportberichterstattung. In: Hermanns, Arnold / Riedmüller Florian (Hrsg.): Management-Handbuch Sportmarketing. 2. Auflage, München, S. 383-410.

Heimann, Karl-Heinz 1998: Was ein Fußball-Trainer heute alles sein muss. In: Kicker, Nr. 102, 1998, S.43.

Inderst, Roman / Haucaup, Justus 2008: Fußball lebt von Medienvielfalt - Die zentrale Vermarktung der TV-Rechte schadet dem Wettbewerb unter den Vereinen. In: Handelsblatt, Nr. 109, 2008. Online: http://www.wiwi.uni-frankfurt.de/ profs/inderst/Deutsche_Artikel/hb-fussball.pdf, Stand: 03.07.2010.

Kruse, Jörn / Quitzau, Jörn 2002: Zentralvermarktung der Fernsehrechte an der Fußball-Bundesliga. In: Zeitschrift für Betriebswirtschaft, Ergänzungsheft zur Sportökonomie, Nr. 113, 2002, S. 63-82. Online: http://www.fussball-oekonomie.de/Texte/Aufsaetze/ZV-Kruse-Quitzau.pdf, Stand: 01.08.2010.

Kruse, Jörn / Quitzau, Jörn 2003: Fußball-Fernsehrechte: Aspekte der Zentralvermarktung. Diskussionspapier der Universität der Bundeswehr Hamburg, Nr. 18, Hamburg. Online: http://opus.unibw-hamburg.de/opus/volltexte/2004/151/ pdf/VWL_18.pdf, Stand: 02.08.2010.

Martiensen, Jörn 2000: Institutionenökonomik – Die Analyse der Bedeutung von Regeln und Organisationen für die Effizienz ökonomischer Tauschbeziehungen. München.

Matysiak, Holger 2003: Zentralvermarktung vs. Dezentrale Vermarktung der Bundesliga-TV-Rechte - eine ökonomische Analyse aus Sicht der Fußballvereine. Diplomarbeit an der Fachhochschule Braunschweig/Wolfenbüttel, Braunschweig.

Neale, Walter C. 1964: The Peculiar Economics of Professional Sports. In: The Quarterly Journal of Economics, Volume 78, 1964, pp. 1-14.

Parlasca, Susanne 2006: Zentralvermarktung und staatliche Regulierung aus Wettbewerbssicht. In: Büch, Martin-Peter / Maenning, Wolfgang / Schulke, Hans

(Hrsg.): Zur Ökonomik der Rechte bei Sportveranstaltungen. 1.Auflage, Köln, 2006.

Pfeiffer, Stefan / Hovemann, Arndt 2006: Bälle Tore und Finanzen III. Essen. Online: http://www.sponsors.de/uploads/tx_svsstudiengaengc/Fussballstudie_2006.pdf, Stand: 12.06.2010

Picot, Arnold / Dietl, Helmut / Franck, Egon 2008: Organisation – Eine ökonomische Perspektive. 5. Auflage, Stuttgart.

Prinz, Aloys / Vogel, Alexander 2001: Ligastruktur und Finanzausgleich: Einfluss auf Spielstärke und Ausgeglichenheit in der Fußball-Bundesliga? In: Prinz, Alois / Steenge, Albert / Vogel, Alexander (Hrsg.): Neue Institutionenökonomik: Anwendung auf Religion, Banken und Fußball. Münster, 2001, S. 237-270.

Quitzau, Jörn 2003: Vergabe der Fernsehrechte an der Fußball-Bundesliga – Wohlfahrtsökonomische, wettbewerbspolitische und sportökonomische Aspekte der Zentralvermarktung. Schriften zur Wirtschaftstheorie und Wirtschaftspolitik, Band 26, Frankfurt am Main.

Quitzau, Jörn 2010: Fußballrechte: Zentralvermarktung aus wettbewerbspolitischer Sicht. In: WiSt – Wirtschaftswissenschaftliches Studium, Heft 4, 2010, S. 194-198.

Richter, Rudolf / Furubotn, Eirik G. 1999: Neue Institutionenökonomik – Eine Einführung und kritische Würdigung. 2. Auflage, Tübingen.

Selchert, Friedrich W. / Greinert, Markus 2002: Einführung in die Betriebswirtschaftslehre. 8. Auflage, München.

Schewe, Gerhard / Gaede, Nicolas 2005: Vermarktung von Fernsehübertragungsrechten: Eine ökonomische Analyse. In: Schewe, Gerhard / Littkemann, Jörn (Hrsg.): Sportmanagement – Der Profi-Fußball aus Sportökonomischer Sicht. 2. Auflage, Berlin, 2005, S. 135-162.

Schön, Thomas 2002: Zentrale Vermarktung von TV-Rechten an Sportveranstaltungen versus Individualvermarktung: Vor- und Nachteile aus ökonomischer Sicht. Seminarbeit, Seminar zur allgemeinen Betriebswirtschaftslehre unter Leitung von Prof. Dr. Herbert Woratschek an der Universität Bayreuth.

Straßheim, Steffen 2005: Die Zentralvermarktung der medialen Verwertungsrechte der Fußball-Bundesliga – Eine Beurteilung aus sportökonomischer und juristischer Sicht. Magisterarbeit, München.

Süßmilch, Ingo / Selbach, Reiner / Hußmann, Boris / Thyll, Alfred / Nickel, Lars 2001: FC €uro AG. Fußball und Finanzen. 2. Auflage, Düsseldorf.

Süßmilch, Ingo / Elter, Vera-Carina 2004: FC €uro AG. Fußball und Finanzen. 4. Auflage, Düsseldorf / München.

Swieter, Detlef 2002: Eine Ökonomische Analyse der Fußball-Bundesliga. Beiträge zur angewandten Wirtschaftsforschung. Band 29, Berlin.

Trosien, Gerhard 2009: Sportökonomie – Ein Lehrbuch in 15 Lektionen. 2. Auflage, Aachen.

Ulmann, Markus 2008: Zentralvermarktung versus Einzelvermarktung von Sportrechten – Analyse der Vermarktung von Fußballübertragungsrechten in Deutschland und Spanien, Hausarbeit an der Privaten Fachhochschule Göttingen.

Vöpel, Henning / Quitzau, Jörn 2009: Strategie 2030 – Wirtschaftsfaktor Fußball. Studie der Berenberg Bank und des HWWI. Hamburg.

Waldhauser, Hermann 1999: Die Fernsehrechte des Sportveranstalters. Beiträge zum Sportrecht. Band 5, Berlin.

Wolf, Dieter 2005: Zentrale Vermarktung oder Einzelvermarktung von Mannschaftssport im Fernsehen? Die Sicht des deutschen und europäischen Kartellrechts. In: Büch, Martin-Peter / Schellhaaß, Horst M. (Hrsg.): Ökonomik von Sportligen. Texte – Quellen – Dokumente zur Sportwissenschaft. Band. 33. Schorndorf, 2005, S. 173-182.

9   Internetquellen

Bundeskartellamt 2008: Statement zur Pressekonferenz am 24. Juli 2008 zum Thema „Zentralvermarktung der Verwertungsrechte der Fußball Bundesliga ab dem 1. Juli 2009". Online: http://www.bundeskartellamt.de/wDeutsch/download/pdf/080724_speaking_notes_final.pdf, Stand: 10.08.2010.

Deutsche Fußball Liga GmbH 2004: Ordnung für die Verwertung kommerzieller Rechte (OVR). Online: http://www.bundesliga.de/media/native/dfl/liga-statut/neue_lo/ordnung_fuer_die_verwertung_kommerzieller_rechte_ovr.pdf, Stand: 09.08.2010.

Haucaup, Justus 2008: Weg mit der Zentralvermarktung – Fußball für Fans, nicht für Funktionäre. Online: http://wirtschaftlichefreiheit.de/wordpress/?p=133, Stand: 14.07.2010.

Kurp, Matthias 2007: Leo kickt wieder mit. Online: http://www.medienforum.nrw.de/medientrends/fernsehen/bundesliga-rechte.html, Stand: 05.07.2010.

Quitzau, Jörn 2008a: Ein Finanzausgleichsmodell für die Fußball-Bundesliga. Online: http://www.fussball-oekonomie.de/Texte/Aktuell/Finanzausgleichsmodell.pdf, Stand: 19.07.2010.

Quitzau, Jörn 2008b: Zentralvermarktung – Pro und Contra. Online: http://www.fussball-oekonomie.de/Aktuell/Zentralvermarktung.pdf, Stand: 21.07.2010

Quitzau, Jörn 2008c: Gut dotierter TV-Vertrag, 28.11.2008, Online: http://www.fussball-oekonomie.de/Texte/Aktuell/Fernsehgelder.pdf, Stand: 10.07.2010.

Quitzau, Jörn 2008d: Fußball und Industriepolitik. Online: http://www.fussball-oekonomie.de/Texte/Aktuell/Industriepolitik.pdf, Stand: 13.06.2010.

Quitzau, Jörn 2008e: Finanzausgleich statt Zentralvermarktung. Online: http://www.fussball-oekonomie.de/Texte/Aktuell/Zentralvermarktung_ Finanzausgleich.pdf, Stand: 07.09.2010.

o. V.: Spielplan Bundesligasaison 2009/2010. Online: http://www.weltfussball. de/alle_spiele/bundesliga-2009-2010/, Stand: 09.07.2010.

o. V.: 34. Spieltag der Bundesligasaison 2006/2007. Online: http://www. weltfussball.de/spielplan/bundesliga-2006-2007-spieltag/34/tabelle/

o. V. 2006: Streit um TV-Gelder eskaliert. Online: http://www.rp-online.de /sport/fussball/bundesliga/Streit-um-TV-Gelder-eskaliert_aid_174405.html, Stand: 17.07.2010.

o. V. 2008: Bundesliga-Fernsehvertrag auf der Kippe. Online: http://www.rp-online.de/sport/fussball/bundesliga/Bundesliga-Fernsehvertrag-auf-der-Kippe_ aid_542982.html, Stand: 01.08.2010.

o. V. 2009: Champions League beschert Bayern 45 Millionen Euro. Online: http://www.focus.de/sport/fussball/championsleague/champions-league-champions-league-beschert-bayern-45-millionen-euro_aid_390153.html, Stand: 22.06.2010.

o. V. 2009: DFL klagt gegen Bundeskartellamt. Online: http://www.kicker.de/ news/fussball/bundesliga/startseite.html/506751/artikel_DFL-klagt-gegen-Bundeskartellamt.html, Stand: 12.07.2010

Pfeiffer, Frieder / Schilling, Frieder 2008: TV-Rechte im Fußball – Ohne Zentralvermarktung können wir nicht leben. Online: http://www.spiegel.de /sport/fussball/0,1518,540690,00.html, Stand: 23.07.2010.

Schmitt, Jörg 2003: FC Bayern/Kirch – „Exklusive Zusammenarbeit". Online: http://www.manager-magazin.de/unternehmen/it/0,2828,236733,00.html, Stand: 30.07.2010.

10 Anhangverzeichnis

Tabelle 1: Kostenentwicklung der Bundesliga-TV-Rechte 41

Tabelle 2: Die TV-Einnahmen der Erstligisten 42

Abbildung 1: Haupteinnahmequellen der Fußballunternehmen 43

Abbildung 2: Einnahme-Mix der Fußball-Bundesliga 2010 43

Abbildung 3: Studie Ernst & Young 44

A - Interview Dr. Jörn Quitzau 45

B - Interview Andreas Kuhnt 50

Tabelle 1: Kostenentwicklung der Bundesliga-TV-Rechte

Kosten für TV-Rechte an der Fußball-Bundesliga

Zeitraum	Rechte-Erwerber	Programm	Rechte-Preis p.a.
1965-1969	ARD/ZDF	ARD + ZDF	0,33 Mio. €
1969-1974	ARD/ZDF	ARD + ZDF	1,33 Mio. €
1974-1978	ARD/ZDF	ARD + ZDF	2,25 Mio. €
1978-1983	ARD/ZDF	ARD + ZDF	3,44 Mio. €
1983-1988	ARD/ZDF	ARD + ZDF	4,09 Mio. €
1988-1992	Ufa	RTL	20,25 Mio. €
1992-1994	ISPR	RTL + Premiere	84,30 Mio. €
1994-1999	ISPR	Sat.1 + Premiere	112,48 Mio. €
1999-2000	ISPR + Ufa	Sat.1 + Premiere	168,73 Mio. €
2000-2001	Kirch-Gruppe	Sat.1 + Premiere	355,00 Mio. €
2001-2002	Kirch-Gruppe	Sat.1 + Premiere	328,00 Mio. €
2002-2003	Infront	Sat.1 + Premiere	290,00 Mio. €
2003-2004	Infront	ARD + DSF + Premiere	290,00 Mio. €
2004-2006	ARD/DSF/Premiere u.a.	ARD + DSF + Premiere	300,00 Mio. €
2006-2009	ARD/DSF/Arena u.a.	ARD + DSF + Arena	420,00 Mio. €
2009-2013	ARD/ZDF/DSF/Sky Deutschland u. a.	ARD + DSF + ZDF + Sky Deutschland u. a.	417,00 Mio. €

Quelle: In Anlehnung an KURP 2007: Leo kickt wieder mit (www.medienforum.nrw.de).

Tabelle 2: Die TV-Einnahmen der Erstligisten

Vermarktung der Medieneinnahmen BL-Saison 2008/2009			
Bundesligaverein mit Platzierung	Inlandsvermarktung in Mio. Euro	Auslandsvermarktung in Mio. Euro	Gesamt in Mio. Euro
1 FC Bayer München	25,11	3,00	28,11
2 FC Schalke 04	24,42	0,69	25,11
3 Hamburger SV	23,73	1,00	24,73
4 VfB Stuttgart	22,34	2,00	24,34
5 VfL Wolfsburg	20,26	4,00	24,26
6 Werder Bremen	23,04	0,69	23,73
7 Bayer Leverkusen	21,65	0,69	22,34
8 Hertha BSC Berlin	20,96	1,00	21,96
9 Borussia Dortmund	19,53	0,75	20,28
10 Hannover 96	18,79	0,69	19,48
11 Eintracht Frankfurt	18,06	0,69	18,75
12 VfL Bochum	17,28	0,69	17,97
13 Arminia Bielefeld	16,50	0,69	17,19
14 FC Energie Cottbus	15,67	0,69	16,36
15 Karlsruher SC	14,85	0,69	15,54
16 Borussia Mönchengladbach	14,03	0,69	14,72
17 1. FC Köln	13,29	0,69	13,98
18 1899 Hoffenheim	12,56	0,75	13,31

Quelle: In Anlehnung an EHRHARDT/HOVEMANN 2009: 46.

Abbildung 1: Haupteinnahmequellen der Fußballunternehmen

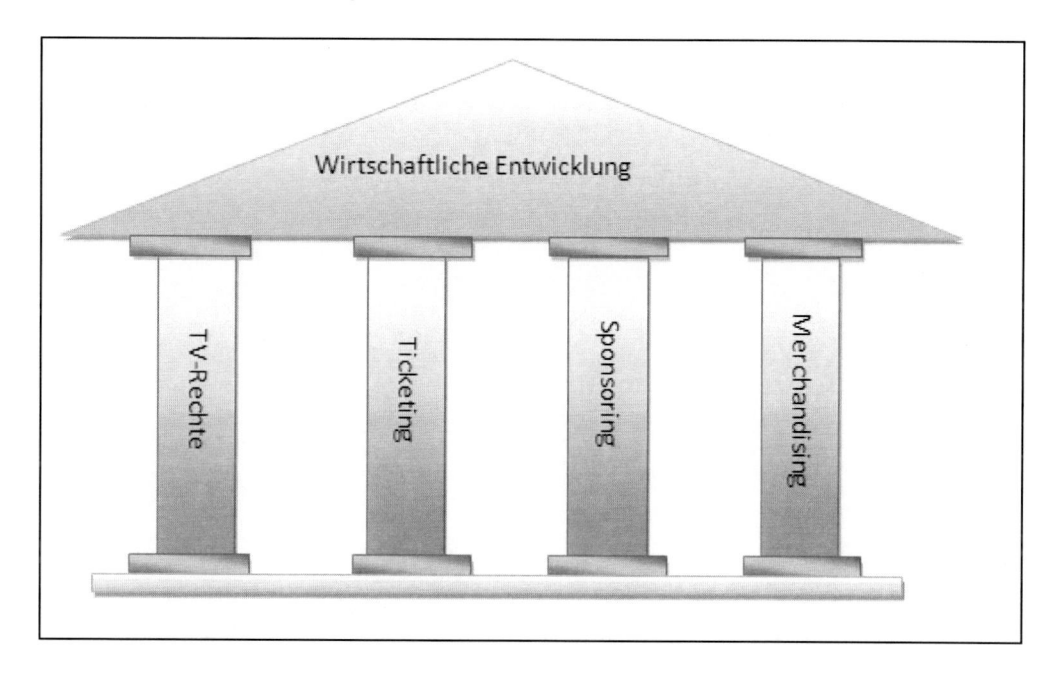

Quelle: In Anlehnung an SÜßMILCH et al. 2001: 63.

Abbildung 2: Einnahme-Mix der Fußball-Bundesliga 2010

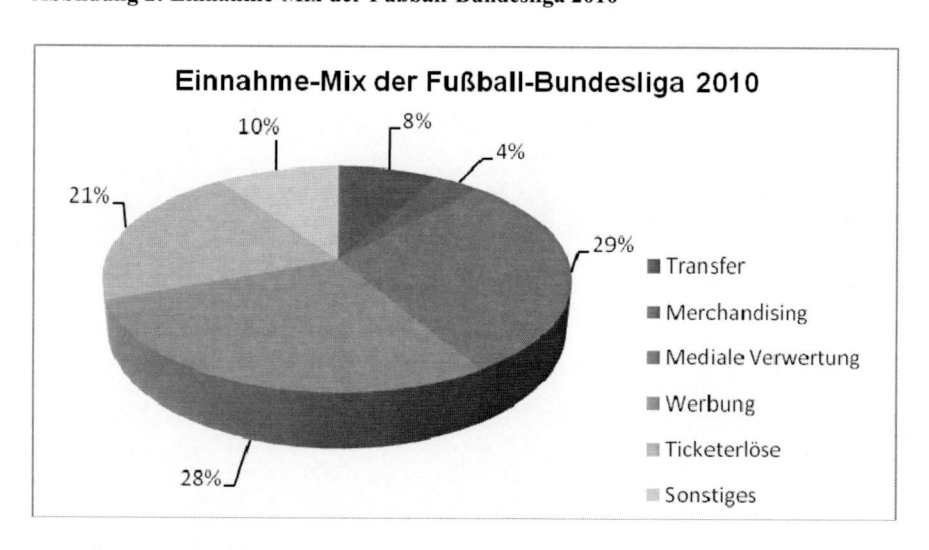

Quelle: In Anlehnung an DEUTSCHE FUßBALL LIGA 2010: 11.

Abbildung 3: Studie Ernst & Young

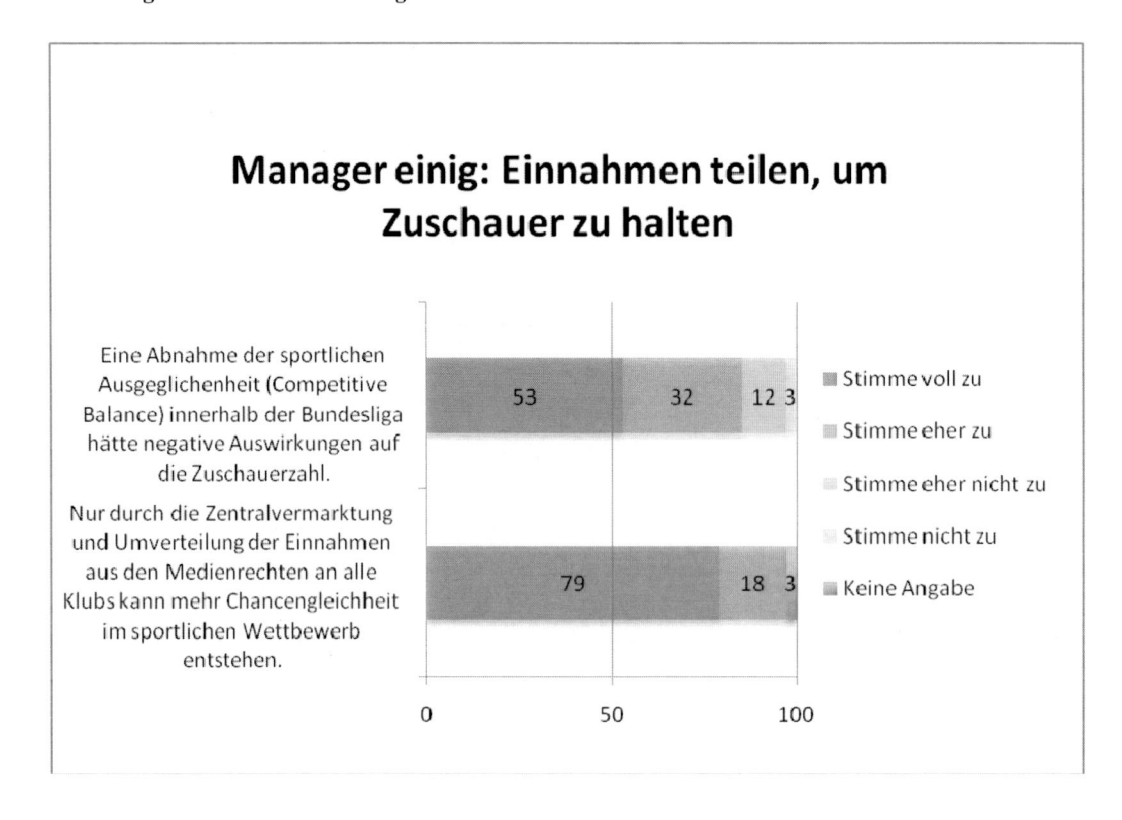

Manager einig: Einnahmen teilen, um Zuschauer zu halten

Aussage	Stimme voll zu	Stimme eher zu	Stimme eher nicht zu	Stimme nicht zu	Keine Angabe
Eine Abnahme der sportlichen Ausgeglichenheit (Competitive Balance) innerhalb der Bundesliga hätte negative Auswirkungen auf die Zuschauerzahl.	53	32	12	3	
Nur durch die Zentralvermarktung und Umverteilung der Einnahmen aus den Medienrechten an alle Klubs kann mehr Chancengleichheit im sportlichen Wettbewerb entstehen.	79	18		3	

Quelle: In Anlehnung an EHRHARDT/HOVEMANN 2009: 48.

A - Interview Dr. Jörn Quitzau

Anwesende:

Dr. Jörn Quitzau[46]

Yilmaz Özdemir

Hamburg, 11.08.2010

An dieser Stelle bedanke ich mich nochmals ausdrücklich bei Herrn Dr. Quitzau für die Zusammenarbeit.

1. Karl-Heinz Rummenigge, der Vorstandsvorsitzende der FC Bayern München AG hat sich bereits des Öfteren kritisch gegenüber der praktizierten Zentralvermarktung der Bundesliga-TV-Rechte geäußert. Nach seinen Berechnungen wären für seinen Club Einnahmen von bis zu 100 Mio. Euro möglich, wenn der Verein seine TV-Rechte eigenhändig vermarkten würde. In der Spielsaison 2008/2009 hat der Club insgesamt ca. 28 Mio. Euro durch die Inlands- und Auslandsvermarktung der Fernsehrechte erzielt. Halten Sie Rummenigges Prognose bei einer Systemumstellung für realistisch?

Quitzau: Die Richtung stimmt, der FC Bayern München wäre mit hoher Wahrscheinlichkeit der größte Gewinner der Systemumstellung. Dies gilt zumindest für die direkten Erlöse aus der Vermarktung von Medienrechten. Etwas anders stellt sich die Situation bei den Sponsoringerlösen dar. Ob am Ende 70, 80 oder 100 Mio. vom FC Bayern erlöst werden können, bleibt spekulativ.

2. In der Studie „Strategie 2030 – Wirtschaftsfaktor Fußball" der Berenberg Bank und dem HWWI haben Sie die These aufgestellt, dass die Zentralvermarktung in

---

[46] Dr. Jörn Quitzau ist Senior Economist im Makro-Research der Berenberg Bank und betreibt die Website Fußball-Oekonomie.de.

den nächsten zwei Jahrzehnten abgeschafft und durch die Einzelvermarktung ersetzt wird. Durch welches Hauptargument stützen Sie diese These?

Quitzau: Der Druck kommt von zwei Seiten: Erstens kommt die Zentralvermarktung einem Kartell gleich und ist deshalb dem Kartellamt schon seit langem ein Dorn im Auge. Angesichts der Massenattraktivität des Fußballsports ist die Vermarktung jedoch auch ein politisches Thema, weshalb sich das Kartellamt in der Vergangenheit nicht in letzter Konsequenz durchsetzen konnte. Die zunehmenden Kontroversen zwischen Kartellamt und der DFL sind zuletzt zu einem Belastungsfaktor für die Liga und für die Bundesligisten geworden – obwohl der Fortbestand der Zentralvermarktung zunächst gesichert bleibt. Auf Dauer kann die Gemengelage jedoch für keine Partei eine zufriedenstellende Lösung sein.

Zweitens stellen die Bundesligisten keine homogene Gruppe dar – keine idealen Voraussetzungen für ein dauerhaft stabiles Kartell. Immer wieder werden Ansprüche der erfolgreicheren bzw. populäreren Bundesligisten gestellt, die Verteilung der Fernsehgelder zu ihren Gunsten anzupassen. Wenn von dieser Seite der Druck groß genug wird, dann wird sich die Zentralvermarktung nur noch schwer halten lassen.

3. Wäre ein finanzieller Ausgleich bei einer dezentralen Vermarktung auf freiwilliger Basis überhaupt durchsetzbar? Was halten Sie von der Idee, den Bundesligavereinen die Vergabe der Spiellizenz zu verweigern, falls diese sich nicht an einem Solidarfonds beteiligen sollten?

Quitzau: Die Idee eines der Einzelvermarktung nachgeschalteten Solidarausgleichs wurde in der Vergangenheit auch vom Bundeskartellamt begrüßt. Auf diese Weise würden die Nachteile der Zentralvermarktung – also künstliche Mengenverknappung und überhöhte Rechtepreise – eliminiert, die Vorteile – verbesserte Chancengleichheit durch Erlösumverteilung – würden erhalten bleiben. Ob ein Finanz- bzw. Solidarausgleich auf rein freiwilliger Basis zustande käme, darf bezweifelt werden. Insofern ist es vernünftig, die Teilnahme am Finanzausgleich zur Vorbedingung für die Teilnahme am Spielbetrieb zu machen.

4. Oft wird die ausgeübte Zentralvermarktung damit begründet, dass die Bundesligavereine aufgrund der Abwicklung des TV-Rechteverkaufes durch die DFL, mehr Planungssicherheit hätten. Die Kirch-Krise aus dem Jahre 2002 hat jedoch gezeigt, dass die Fernseherlöse durchaus gefährdet sind. Würde die Planungssicherheit der TV-Einnahmen bei einer dezentralen Vermarktung der TV-Rechte wirklich sinken?

Quitzau: Nicht nur die Kirch-Krise hat den Vereinen Unsicherheit beschert. Auch der vom Bundeskartellamt beanstandete und schließlich wieder aufgelöste TV-Vertrag zwischen der DFL und der Firma Sirius hat für die Vereine nicht gerade Planungssicherheit gebracht. Insofern ist es sicher richtig, dass es für die Vereine einen höheren organisatorischen Aufwand bedeutet, die Medienrechte in Eigenregie zu vermarkten, dafür gäbe es aber keine Probleme mit dem Kartellamt.

5. Viele europäische Spitzenteams wie Real Madrid oder Inter-Mailand können aufgrund ihrer Budgets, u. a. aus den TV-Einnahmen, ihre Mannschaft mit Topspielern wie Christiano Ronaldo (aktueller Marktwert 90 Mio. €) oder Wesley Sneijder (45 Mio. €) verstärken. Um eine internationale Konkurrenzfähigkeit deutscher Spitzenteams zu ermöglichen und letztlich die Attraktivität der Bundesliga zu steigern, muss ein dezentrales Vermarktungsmodell her. Teilen Sie diese Meinung?

Quitzau: Tatsächlich erhöhen international bekannte Stars die Attraktivität der Bundesliga. Dass die Möglichkeit, internationale Top-Stars zu verpflichten, etwas mit der Finanzkraft zu tun hat, ist offenkundig. Aus rein wirtschaftlicher Perspektive ist Ihre Frage insofern zu bejahen. Ob mehr Stars automatisch zu mehr sportlichem Erfolg führen, steht dagegen auf einem anderen Blatt Papier. Dass die besten Einzelspieler nicht automatisch den erfolgreichsten Fußball spielen, zeigt sich immer wieder. Im Fußball gibt es neben dem individuellen Können der Spieler noch ein paar andere Erfolgsfaktoren. Wenn dies nicht so wäre, hätte es Deutschland bei der WM 2010 sicher nicht bis ins Halbfinale geschafft. Insofern sollten sich die Vereine nicht ausschließlich auf die Generierung von Mehreinnahmen konzentrieren.

7. Welche wirtschaftlichen Auswirkungen hätte eine dezentrale Vermarktung der Bundesliga-TV-Rechte für die „großen Vereine" auf der einen und den „kleineren Vereinen" auf der anderen Seite? Würde die bereits bestehende finanzielle Kluft der Bundesligisten weiter auseinanderklaffen?

Quitzau: Was die Fernsehgelder angeht, wäre dies so. Wobei man zunächst klären muss, wer zu den „großen" und wer zu den „kleinen" Vereinen gehört. „Große" Vereine sind nicht unbedingt die mit dem aktuell größten sportlichen Erfolg. Eine wichtige Rolle spielt – neben den aktuellen sportlichen Erfolgen – das Fanpotential, also die Anzahl der eigenen Fans und Sympathisanten. Traditionsvereine wie der 1. FC Kaiserslautern oder Borussia Mönchengladbach sind somit nicht unbedingt zu den „Kleinen" zu zählen. Die Öffnung der Finanzschere könnte durch den zuvor erwähnten Finanzausgleich in Grenzen gehalten werden. Positive Erfahrungen könnten die kleineren Vereine bei den Sponsoringerlösen machen: Da sie in der Vergangenheit weniger oft im Fernsehen zu sehen waren (geringere „TV-Coverage"), war die Zahlungsbereitschaft der Sponsoren geringer. Gelingt es den kleinen Vereinen, mehr Medienpräsenz zu bekommen – z. B. durch den Verkauf ihrer Live-Rechte an Regionalprogramme oder an die Neuen Medien – würde sich das positiv auf ihre Sponsoringerlöse auswirken.

8. Werden bei der Zentralvermarktung oder bei der dezentralen Vermarktung der Fernsehrechte an den Spielen der Fußball-Bundesliga höhere Gesamterlöse erzielt?

Quitzau: Vermutlich würden die Gesamterlöse moderat steigen, weil die Medienpräsenz insgesamt zunähme.

9. Wie groß wäre die Gefahr, dass bei einer dezentralen Vermarktung der Fernsehübertragungsrechte eine Übersättigung des Marktes stattfindet?

Quitzau: Die Zeiten, in denen Live-Übertragungen von Bundesliga-, DFB-Pokal- oder Europapokalspielen die Fernsehnation vor dem Bildschirm vereint hat, sind vorbei. Dafür läuft heute zu viel Fußball im Fernsehen, insofern könnte man schon heute –

zumindest emotional – von Übersättigung sprechen. Aus ökonomischer Sicht sollte jedoch der Markt darüber entscheiden, wie viel und in welcher Form TV-Präsenz erwünscht ist. Um das zu entscheiden braucht man keine Verbandsfunktionäre.

10. Was halten Sie von der Idee, dass derzeit praktizierte Modell nur teilweise umzustellen, indem lediglich die Rechte der „neuen Medien" (IPTV etc.) dezentral von den Vereinen vermarktet werden? Könnte der Zukunftsmarkt eventuell einen erneuten Preissprung der medialen Rechte auslösen?

Quitzau: Es wäre schon ein kleines Wunder, wenn die Neuen Medien mittelfristig nicht zu einer Erlössteigerung führen würden. Eine dezentrale Vermarktung dieser Rechte wäre ein erster Schritt in die richtige Richtung, allerdings dürfte die DFL kein Interesse daran haben, weil sie damit die vollständige Kontrolle über die Vermarktungskette verlieren würde.

B - Interview Andreas Kuhnt

Anwesende:

Andreas Kuhnt[47]

Yilmaz Özdemir

Hannover, 03.08.2010

An dieser Stelle bedanke ich mich nochmals ausdrücklich bei Herrn Andreas Kuhnt für die Zusammenarbeit.

1. Die Preise für die Fernsehrechte an den Spielen der Fußball-Bundesliga sind in den letzten Jahren - nach der Kirch-Insolvenz im Jahre 2002 - wieder leicht angestiegen. Bis zu der Spielsaison 2012/13 haben sich diverse Medienunternehmen dazu bereit erklärt, der DFL jeweils jährlich einen durchschnittlichen Betrag von 412 Mio. Euro zu zahlen. Ist das Limit erreicht? Wie sehen Sie die weitere Entwicklung der Bundesliga TV-Gelder?

Kuhnt: Das Limit ist noch nicht erreicht – das zeigen die Beispiele aus dem Ausland. Da sich der Preis aber durch Angebot und Nachfrage bestimmt, ist eine Steigerung bei der aktuellen TV-Markt Situation in Deutschland kurzfristig wohl eher nicht realisierbar. Es gibt nur einen starken Pay-TV Anbieter, der keine Konkurrenten hat und daher sind die Chancen auf höhere Erlöse gering – zudem sind die Fans in Deutschland durch die jahrzehntelange Praxis der Sportschau in der ARD verwöhnt.

2. Die Fernsehübertragungsrechte der Fußball-Bundesliga können entweder zentral auf Verbandsebene oder dezentral auf Vereinsebene vermarktet werden. Welche Vermarktungsform ist Ihrer Meinung nach unter wirtschaftlichen Gesichtspunkten für die Vereine besser geeignet?

---

[47] Andreas Kuhnt ist „Leiter Kommunikation" bei dem Bundesliga-Erstligisten Hannover 96.

Kuhnt: Für Top-Vereine mag eine dezentrale Vermarktung sicher reizvoll sein, allerdings haben die Vereine kein eigenes Know-how für die nicht einfache Vermarktung der TV-Rechte. Insgesamt ist die zentrale Vermarktung sicherer.

3. Befürworten Sie das praktizierte Modell der Zentralvermarktung durch die DFL?

Kuhnt: Es hat sich bewährt und sorgt für so etwas wie wirtschaftliche Chancengleichheit. Zumal die Kopplung der TV-Gelder an den Erfolg in der Bundesliga auch ein Anreiz für alle Vereine ist.

4. Würde Hannover 96 Ihrer Meinung nach bei einer dezentralen Vermarktung der Fernsehrechte höhere Erlöse erzielen können als es derzeit der Fall ist?

Kuhnt: Das ist abhängig vom sportlichen Erfolg. Nach dem 15. Tabellenplatz in der letzten Saison wäre es derzeit besonders schwer, dezentrale höhere Erlöse zu erzielen.

5. Würde bei einer dezentralen Vermarktung der TV-Rechte an den Spielen der Bundesliga die Schere zwischen den „großen" und den „kleinen" Vereinen weiter auseinanderklaffen?

Kuhnt: Das ist sicher eine begründete These. Doch wenn man aktuell nach Spanien schaut, wo der FC Barcelona durch die wirtschaftlichen Probleme seines eigenen TV-Vermarkters die bereits im Haushalt fest eingeplanten TV-Einnahmen nicht oder nur teilweise erhält, kann es gerade für die „großen" Clubs bei dezentraler Vermarktung zu erheblichen Problemen kommen. Auch die „Kirch-Krise" hat in Deutschland gezeigt, dass sich alle Vereine besser unabhängiger von den TV-Erlösen machen sollten

6. Welche sportlichen Auswirkungen - in Bezug auf die Ausgeglichenheit der Bundesliga – hätte eine dezentrale Vermarktung der Fernsehübertragungsrechte?

Kuhnt: Das ist schwer einzuschätzen, sicher würde es dazu führen, dass die wenigen Vereine, die mehr TV-Geld durch die dezentrale Vermarktung erhalten würden, noch mehr Kapital für Spielereinkäufe zur Verfügung hätten. Aber ob der TV-Zuschauer in Deutschland wirklich daran interessiert ist, wenn wie z. B. in Spanien nur noch zwei oder drei Vereine durch ihre wirtschaftliche Stärke jedes Jahr um die Meisterschaft kämpfen würden, ist nicht mit Sicherheit zu beantworten. Vielleicht würde das auch dazu führen, dass die Fans eine Bundesliga mit zwei, drei dominierenden Vereinen langweilig finden und das Interesse und damit langfristig auch die Einnahmen wieder sinken würden.

7. Welche wirtschaftlichen Auswirkungen hätte eine starke Minderung (50%) der nationalen TV-Erlöse für Hannover 96?

Kuhnt: Der Etat von Hannover 96 besteht zu ca. einem Drittel aus TV-Geldern. Hier bildet die Vermarktung der Bundesliga-TV-Rechte den größten Umsatzfaktor. Wenn Mindereinnahmen in diesem Bereich nicht durch Sponsoren- oder Zuschauereinnahmen ausgeglichen werden können, wird dies natürlich erhebliche Auswirkungen auf die Ausgabenseite haben – es muss dann noch effektiver gewirtschaftet werden und auf eigene Talente gesetzt werden.

8. Welches Vermarktungsmodell hinsichtlich der nationalen TV-Gelder wird sich Ihrer Meinung nach mit Blick auf die gesamte Bundesliga durchsetzten?

Kuhnt: Das ist einerseits abhängig von der Entwicklung der medialen Zukunft – IPTV war vor wenigen Jahren noch überhaupt kein Thema – und der Entwicklung der TV-Anbieter auf dem deutschen Markt. Und andererseits von der Entwicklung in der DFL, denn hier entscheiden die Vereine gemeinsam über den Weg.

9. Bayern Münchens Vereinspräsident Uli Hoeneß hat die Meinung vertreten, eine Art GEZ-Gebühr für den Profi-Fußball einzuführen, um die TV-Einnahmen der Bundesliga zu steigern. Was halten Sie von diesem Vorschlag?

Kuhnt: Grundsätzlich kann man sagen, dass wir im Vergleich zur europäischen Fußball-Konkurrenz weniger TV-Einnahmen für die Spiele der nationalen Liga erzielen. Unser Produkt hat aber eine hohe Wertigkeit, sorgt seit Jahren für sehr hohe und weiter steigende TV-Einschaltquoten, daher sollten wir diese Einnahmen verbessern - ob über dieses Modell oder andere Ideen.

Der Autor

Der Bachelorabsolvent Yilmaz Özdemir wurde im Jahre 1987 in Holzminden geboren. Das Studium der Wirtschaftswissenschaften an der Universität Paderborn mit den Schwerpunkten Management and Economics schloss er mit Prädikat ab. Sein Interesse für sportökonomische Fragestellungen entwickelte er während des Grundstudiums durch die Teilnahme am Seminar für Sportökonomie.

Zurzeit studiert der Autor im Masterstudiengang Betriebswirtschaftslehre an der Universität Paderborn.